携 / 手 / 同 / 行 / 共 / 同

让孩子快乐自由地奔跑

——幼儿园全天候运动的实践研究

顾 彦 ◎编著

上海教育出版社
SHANGHAI EDUCATIONAL
PUBLISHING HOUSE

图书在版编目（CIP）数据

让孩子快乐自由地奔跑：幼儿园全天候运动的实践
研究 / 顾彦编著. — 上海：上海教育出版社，2024.3
ISBN 978-7-5720-2514-3

Ⅰ.①让… Ⅱ.①顾… Ⅲ.①体育课－教学研究－学
前教育 Ⅳ.①G613.7

中国国家版本馆CIP数据核字(2024)第040854号

责任编辑　章琢之
封面设计　金一哲

让孩子快乐自由地奔跑——幼儿园全天候运动的实践研究
顾　彦　编著

出版发行　上海教育出版社有限公司
官　　网　www.seph.com.cn
地　　址　上海市闵行区号景路159弄C座
邮　　编　201101
印　　刷　上海普顺印刷包装有限公司
开　　本　787×1092　1/16　印张 10.5　插页 1
字　　数　265 千字
版　　次　2024年4月第1版
印　　次　2024年4月第1次印刷
书　　号　ISBN 978-7-5720-2514-3/G·2210
定　　价　80.00 元

如发现质量问题，读者可向本社调换　电话：021-64373213

编委名单

主　任：顾　彦

副主任：周品云

编　委：蔡英英　赵佳英　周　瑜

　　　　徐　霞　张晓雯　沈玉勤

序
在运动中探索幼儿的生命成长

当前，我国学前教育已进入高质量发展的新阶段。我们应坚持以幼儿发展为优先的原则，遵循幼儿身心发展规律和学前教育规律，促进幼儿在体质、智力、品德等方面的和谐发展。这是每一位学前教育工作者需要深入思考和把握的重要问题。3 至 6 岁年龄段是培养幼儿身体锻炼习惯和形成终身体育意识的关键时期。运动能塑造幼儿健康的体魄，锻炼幼儿勇敢自信的品质。运动游戏的开展能很好地促进幼儿智力及肢体协调能力的发展，同时提高幼儿团结合作、解决问题的能力。这都为幼儿身心健康与全面发展奠定了坚实的基础。

上海市嘉定区朱桥幼儿园以运动为抓手，秉承"快乐奔跑的孩子，自然和谐的教育"的办园理念，经过十多年的实践积累，形成了本项研究成果。读完此书，我透过文字读到的是感动和惊喜，是身处农村幼儿园的老师们在教育综合改革背景下凝聚而成的探索与创新、智慧与关爱，是一幅对幼儿园运动持续探索的生动的"教育画卷"。

十余年来，朱桥幼儿园在运动方面探索不止。我认为其特色突出表现在：

一是坚持儿童立场，不断深化幼儿园运动的内涵。朱桥幼儿园于 2003 年起就开展了以"运动"为主题的一系列课题研究。他们充分挖掘本土资源和幼儿园的运动环境优势，形成了"全天候"运动理念，突破了传统幼儿园运动在时间和空间上的限制。这一理念确保了幼儿每日 1 小时的运动时长，且不受天气、场地限制，天天都可以开展运动。这种运动不仅是为了技能发展，更是为了培养幼儿的运动习惯和生活方式，为其一生的健康打下坚实的基础。

二是以数字赋能，持续优化幼儿园运动实施。在数字化转型的背景下，朱桥幼儿园探索大数据和人工智能等技术在教育领域的深度应用，以更好地满足孩子的个性化需求。实施数据驱动下的教与学和大规模因材施教成为上海教育信息化的关键。这一思路在朱桥幼儿园的运动教学中得到了很好的体现。智能手环等各项运动测试设备的应用，让幼儿沉浸式体验科技的力量，在运动中感受成长的快

乐。大数据分析平台"儿童健康大数据平台",为幼儿运动行为分析和体质健康测试提供了全面的数据分析,不仅能支持幼儿园运动课程的设计,还帮助家长及时了解孩子的健康状况,促进幼儿身体发展。

三是重视教师专业成长,不断提升教师对幼儿的观察、解读和支持能力。理解并支持幼儿发展是新时代幼儿教师最重要的专业技能之一。在朱桥幼儿园的教师对幼儿运动的观察与识别中,数据起到了非常好的助推作用。从书中多个案例可以看出,数据能够帮助教师更直观、科学地了解幼儿,能够帮助教师对幼儿进行精准判断,从而让教师及时调整教学策略,支持每个孩子运动能力的发展。教师根据数据,设计个性化指导方案、创设丰富的环境与提供适宜的材料。在活动中,即时数据反馈使教师成为更好的观察者、陪伴者、支持者,有效促进幼儿运动能力的成长。同时,教师们也在这些过程中不断提升自身专业素养和能力。数据,让教师更专业,更智慧,更科学。

四是成效显著,幼儿获得了良好发展。高质量的幼儿园课程,最终必然要反映在幼儿的成长上。朱桥幼儿园"全天候"运动的实施,激发了幼儿对运动的兴趣,显著提升了幼儿的平衡能力、协调性和运动能力。在户外自主运动中,幼儿通过组合和重建不同运动材料,展现了创造和进取精神,并在一次次尝试错误过程中积累经验,形成了团结互助、勇敢、克服困难和合作交往等良好品质。

朱桥幼儿园基于"全天候"运动的实践与探索,不仅从园所顶层设计层面构建了幼儿园的整体规划,并且提供了教师实践层面生动的故事与案例。相信这些经验对其他幼儿园与一线教师具有一定的借鉴与参考价值。

（作者为华东师范大学学前教育学系教授、博士生导师）

前言

运动给予孩子健康，健康给予孩子快乐，快乐给予孩子幸福。

上海市嘉定区朱桥幼儿园，位于嘉朱公路 1711 号，是一所典型的农村幼儿园。2012 年 9 月，幼儿园搬至现址，占地面积由原来的 1782 m² 增加到 10968 m²。为更好地突出幼儿园课程建设，新园的设计继承了原有的乡土游戏课程特色，并融合《3～6 岁儿童学习与发展指南》的精神和要求，坚持以幼儿为中心，提出并倡导"全天候运动"理念。这一理念打破了时间、场地、方法与手段的限制。其以信息技术为载体，旨在帮助幼儿树立正确的运动观，让幼儿爱上运动，使运动成为一种习惯（不是为了运动而运动，而是为了得到一个健康的体魄）。

近年来，大数据成为上海基础教育领域的研究热点之一。在一日活动中，我们利用大数据技术设计了各类精彩的趣味运动项目，以引导幼儿对运动的认知与体验，充分提升幼儿对高质量运动的兴趣、能力和品质，促进幼儿身心健康发展。我园设有一间专业化的活动室——E 运动活动室。其设计灵感来自成人健身房。幼儿在活动前会佩戴蓝色的运动手环，记录运动数据。活动室共配备约 20 项科学专业的运动测评设备。通过可穿戴传感设备、Kinect 动作捕捉技术和颜色识别技术，实时追踪并记录孩子们的运动动作和轨迹。

同时，我园与第三方公司合作研究的课题"数据支持下幼儿运动能力发展研究"，被立项为全国教育信息技术研究重点课题。该课题强调了每个孩子成长状况的差异性，并从促进幼儿发展的角度出发，科学分析了运动在改善幼儿肥胖、睡眠不足、生长指标不达标、行为习惯不良等问题的作用。在积累了连续的、大量的运动数据后，我园为每个幼儿定制了《幼儿健康手册》。其内容涵盖了幼儿在园期间三年的运动数据及分析建议，为幼儿园体弱儿管理、家园共育以及运动课程建设提供了坚实、科学的依据。

长期以来，我园通过分析幼儿运动能力评估数据，建立了运动常模。通过将每个幼儿与常模数据进行比较，我们能轻松识别幼儿的弱势项目，从而有针对性地对其开展分组运动。同时，幼儿园利用大数据收集和分析幼儿体质测试结果，从而全面、客观地分析幼儿的个体成长特征，并针对幼儿的发展水平，精准实施

"三大策略、九大方法"，以优化、提升幼儿的运动能力，促进幼儿的健康发展与成长。

在实践成效上，我园充分挖掘本地资源和运动环境的优势，向姐妹园分享资源，让幼儿在交流共享中学习成长；我园自然地将"全天候"运动延伸至家庭和社区，打破时空限制，与其紧密合作，共同助力幼儿成长；一切从幼儿的需求和兴趣出发，我园教师在运动实践过程中不断提升专业技能，开发新的运动项目，为幼儿健康成长提供引导；在"全天候"运动推进与实践过程中，我园文化内涵得到深化，发展目标变得更加明确，幼儿园整体发展水平显著提升。

大数据支撑下的"全天候"运动策略，可以有效支持幼儿在室内外尝试各种运动器械。这种方式不仅能促进幼儿动作的发展，丰富幼儿的运动体验，也能让教师深入理解运动的核心要点及其价值。此外，它提升了教师运动指导的针对性和科学性，帮助幼儿园在信息化道路上走得更远，进而提升幼儿园的运动特色的发展水平。

CONTENTS

目　录

上 篇

运动启航
——"全天候"运动的研究设计

CHAPTER 01

第一章 "全天候"运动研究的缘起之路

以运动助力幼儿快乐成长是我园一直以来的特色。通过对本园底蕴和运动课程实施现状的分析、研究、论证、选择和重组,我园开始了以信息技术为依托的"全天候"运动研究,并逐渐形成了适合本园运动课程发展的特征。

"全天候"原指各种天气或者气候,是所有复杂气象在内的各种天气的总称。我们把"全天候"的概念移植到幼儿运动发展中,对其内涵进行了深化和延展。一方面,"全天候"运动是指幼儿每日1小时运动,不受天气、场地等限制,能适应各种复杂的气候条件,一年四季天天都可以开展。另一方面,"全天候"运动,一是希望让孩子喜欢运动、热爱运动、参与运动,把运动作为自身良好习惯和美好生活的内容之一,让健康的生活方式伴随一生;二是指我们通过运动来关注孩子的全面发展,这个发展是有序的、科学的、有益的,这个发展不仅仅指向幼儿运动兴趣、运动技能的发展,更关注幼儿在运动过程中品行、素养和其他方面的和谐均衡发展,还重视对运动空间和时间的安排利用,提供幼儿更为广泛、广阔的运动体验和经验积淀;三是指向"每一个孩子",依托信息技术的支持,可以更多地了解每一个不同的孩子以及每一个孩子在运动中的不同,为每一个孩子的运动能力和全面发展量身打造、精准施策,以促进每一个孩子获得适宜、适度、适合的发展。

第一节 国内外运动开发实施的研究现状

一、关于幼儿园运动内容的研究

(一)国内研究情况

目前国内许多幼儿园以"运动"为特色,这些园所在运动课程的管理体系、管理制度、过程质量、教学策略等方面积累了大量的经验与做法。

上海市黄浦区奥林幼儿园以"快乐运动"为特色,有野趣、童趣、乐趣,趣味多多,凸显"玩出精彩,动出健康"的办园理念。他们把重点放在"如何为孩子创造更适宜的运动环境"和"如何更加强化实证研究,挖掘背后的故事,探索学前教育的规律"两个方面。上海市虹口

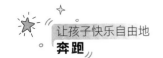

区体育幼儿园建园伊始就借助周边虹口体育场的优势，在"强体育心"办学理念的引领下，以"促进幼儿全面和谐发展，塑造健全人格"为办园目标，多途径开展运动领域教育教学（如足球、游泳等）。嘉定区以仁幼儿园以室内运动为特色，着重从室内运动的环境创设、材料提供、教师组织等方面开展了策略研究。青浦区奇星幼儿园开展了"幼儿园运动课程园本化的实践与研究"课题研究，确立了"快乐运动"的课程理念和目标，提出了"我运动，我健康，我快乐"的主题口号。

福建省晋江心怡幼儿园是全国足球特色幼儿园，拥有专业的体育教练团队和先进的体育教育设施，注重幼儿体育基础和技能的培养，开设了丰富多彩的运动类课程。广州荔湾区育星和平幼儿园以打造"阳光体育"为特色，彰显"运动成为习惯"的理念，有渗透各领域的体育区域活动，如每周安排混龄的体育区域自选活动；有与日常生活相结合的户外游戏活动，如形式多样的主题式民间游戏。浙江省温州市郭溪兴瓯幼儿园根据其户外场地环绕性的特点，创建"环绕式晨锻"课程，提出"乐健、乐玩、乐童年"的课程理念及与各年龄段相符的课程目标和内容。浙江省衢州市教工幼儿园长期致力于健康领域的课程建设，强调从幼儿体质监测的结果出发，秉持"为每一名儿童设计课程"的理念，在尊重幼儿体质差异的前提下，创设了以"提高身体运动素质，提升幼儿体质"为目标的特色课程。其内容包括自主体育区域运动、菜单式集体体育教学活动、启蒙专项体育运动、互动亲子体育活动四大模块。

（二）国外研究情况

加拿大的幼儿教育课程管理主要由各地区教育部门负责。其幼儿体育课程框架虽略有不同，但都以健康和体育作为幼儿的学习领域之一，并以动作学习为幼儿体育的主要内容。如安大略省和曼尼托巴省，将体育课程明确地按其不同阶段制订不同学习内容和重点，更着重于个人和社会的发展。新西兰的幼儿教育要求各机构视体育为主要学习领域，即培养幼儿的体育能力要视其与其他学习领域一样，在全人健康（well-being）、亲密安全关系（belonging）、贡献（contribution）和探索（exploration）四个课程方向上重点发展。美国体育运动协会于2002年提出的幼儿体育活动指导原则中强调，体育活动时间每天不少于1小时。相关教学原则也提到了发展幼儿的动作技能和能力以及训练的形式和方法。

通过文献检阅发现，国外对于儿童运动能力、身体素质的重视程度非常高，体育课内容设置较为细化，对"运动课程"的叫法也大同小异，如有的称之为"运动课程"，有的称之为"体育课程"，但运动教学大都重视运动的游戏化和自主化，重视强身健体。我们能从中得到一些启示，如要注重运动的趣味性、挑战性、自主性、系统性。

二、关于信息技术在幼儿园运动教学中应用的研究

（一）国内研究情况

《谈信息技术在幼儿体育教学中的应用》（刘冬梅，2014）指出："通过信息技术与幼儿体育教育的高度融合，突破单一的限制效应，促使幼儿对体育锻炼过程中的难点内容进行重新审视，并在教师的辅助下通过标准验证流程。这样，可以将传统幼儿体育的枯燥气氛彻底清除，使幼儿的个体心情更加愉悦、开放，避免因自卑、自闭心理而滋生不良结果，有效提高了该群体对于体育学习的兴趣，同时也对幼儿后期的知识学习意义重大。"

《浅谈信息技术在体育教育训练中的应用》（李曼筠，2016）认为："运用信息化设备如摄影

机可以捕捉学生动作技巧,再通过慢动作回放帮助学生快速、准确地掌握动作。计算机辅助系统通过对运动训练学、运动医学、生物力、信息技术等交叉学科研究,提高训练效率和水平。运用科学的手段和方法选出更适合某项运动项目的运动员。对于学生而言,信息技术能够把各种运动理论、运动技术、常见错误动作制作成教育软件提供给学生观看,以提高学生的运动兴趣以及解决问题的能力。"

《大数据背景下幼儿"健康星"特色课程建设》(徐小燕、蒋舜,2018)提到:"通过智能手环、定位阅读器等终端系统收集数据,建立大数据背景下的幼儿'健康星'课程体系。通过大数据的分析,幼儿园可以有针对性地建立幼儿体质监测体系,为全面了解幼儿体质现状,有效开展体育锻炼、饮食调控等提供科学的依据。"

《基于体质健康大数据优化小学体育教学策略的实践与研究》(叶娟娟,2020)认为,基于体质健康大数据优化的前提,发现目前小学体育课堂缺乏有效的教学策略,缺乏乐趣与创新,不能适应新时代的教学要求。为了使学生全面发展,保障教学质量,本书提出了三种教学策略:将游戏运用到体育运动中、制订体育计划完善体育设施、合理安排教学内容做好教学准备。

（二）国外研究情况

1. 多媒体设备能有效指导教学

有学者对12所爱尔兰学校进行研究,发现数字化教学给体育活动课程带来了一些帮助,主要表现在运用视频进行教学指导方面。

2. 信息技术手段可作为干预措施

信息技术能有效提高幼儿对运动的兴趣。在国外,信息技术被作为一种干预措施,让学生的自我效能和体育活动兴趣得到显著提高,减少肥胖率。2013年起,就有以互联网为干预措施开展体育锻炼的研究,主要针对白人、中年和女性个体,而针对亚洲儿童的干预措施研究很少。

3. 智能电子设备可评估身体水平

智能运动手表或电子检测设备,可同时配合生理体征检查,比如体重、身高以及每日营养素摄入量。2015年,有学者对澳大利亚新南威尔士州亨特地区20个长期日托中心的幼儿及教师进行横断面研究。研究者使用了计步器,同时采用调查、访谈和观察法对幼儿睡眠情况进行全面评估。

（三）研究情况分析

通过文献检索发现,国内关于信息技术与运动的研究对象大都是中小学生、专业运动员,对幼儿的研究还比较少。杨旭、周明等在《基于WPF的运动效果评估系统》中提出:通过研究我国的运动员信息化管理的发展现状,调查和分析运动员运动效果评估系统的需求,基于WPF程序设计语言完成对运动员运动效果评估系统的开发,所开发的运动员运动效果评估系统具有运动员日常信息管理、运动效果评估、运动员伤病康复评价等功能,并对运动效果评估系统在我国未来的发展进行了展望。国内外评估内容包含很多内容,如注重粗大动作和精细动作、注重控制能力和协调能力、注重运动能力和心理测量等,能较完整地评价幼儿运动发展水平。在评价实施时,国外注重个体化描述及量化记录,并能制订出具有针对性且比较细致的治

疗方案。

三、关于信息技术对幼儿运动评估实施的研究

（一）基于大数据的幼儿运动评估工具的研究

1. 国内研究情况

目前，我国关于幼儿运动发育的研究还处于起步状态。有的将国外测量工具应用于幼儿运动评估。另有一些学者尝试编制适合我国幼儿运动能力发展的测量工具，但涉及幼儿运动能力评测的量表非常有限。我国较为系统地评价幼儿运动能力的工具是《国民体质测定标准手册（幼儿部分）》（2003年版），其主要通过机能指标（心率）、形态指标（身高、体重、坐高、胸围、上臂、肩胛、腹部皮褶厚度）和体能指标（坐位体前屈、折返跑、立定跳远、小球掷远、走平衡木、双脚连续跳）进行测试。测试的主要目的是对体质的评价，其中运动能力的评价主要针对粗大运动能力以及身体素质等方面。

在运动材料功能挖掘方面，新型的可穿戴设备能激发幼儿的运动兴趣。在2015年第十届全国体育科学大会上，元宇和邹军在文章《大数据背景下智能穿戴产品在运动健康管理中的发展模式研究及展望》中提出：智能穿戴在一定程度上解决了运动健身中运动量的量化问题，这有助于健身者自我监控及运动目标的制订，避免过度运动，更容易获得成就感，同时App中运动成绩、运动轨迹的分享在一定程度上促进了健身者的运动热情，说明智能穿戴的诞生间接推动了全民健身的发展，提高了运动健康管理的效率。

2. 国外研究情况

目前，针对幼儿运动能力的评估，国外已有多种不同测评维度的工具。一般运动能力评估包括大肌肉运动和精细动作两部分。国际上较为通用的量表有BOTMP、GDS、SIGMSA、TGMD-2等。这些量表都属于儿童发育调查中的运动能力评估部分。同时，国际上广为认可并且在欧洲普遍使用的测量工具主要是MOT4-6、Movement-ABC、PDMS、KTK、TGMD、MMT、BOTMP七种。这些测评主要针对儿童运动发育水平以及运动技能的基本水平。运动评估测试有的是规范参考，还有的是标准参考。规范参考测试对比了普通儿童的表现与规范样本群体，量化了儿童运动技巧的能力；标准参考测试对比了儿童的能力与预定的标准，考虑了运动中要求执行的运动技能项目中定性的方面，主要由教师通过检测量表对未成年人进行评测。

此外，随着信息技术的日益发展，国外已经成熟地将红外线人体识别、智能穿戴等高新技术运用于运动能力测评中。如一款名为"Wilson X Connected"的智能篮球，内部安装了数个传感器，能够自主感应运动过程中的运球、投球等情况，实时记录打球的时长、进球数以及比赛得分等数据信息。

（二）基于大数据的幼儿运动评估内容的研究

1. 国内研究现状

马红霞对大肌肉发展测验中，包括侧滑步、地滚球、击固定球、原地拍球、踢球、接球六个物体控制能力的动作进行了测量。张厚粲对儿童的运动能力的评测包括单脚站立（测平衡力）、立定跳远（测爆发力）、左跳右跳（测动作的灵活性）、蹲蹲站站（测耐久力）、快捡小豆（测手眼的协调和灵敏性）等五项，主要是心理测量中的一个组成部分，缺乏专一性。测试只是针对粗大运动进行测评，尚不能完整地评价运动发育水平。

2. 国外研究现状

美国在针对康复儿童的运动功能评估时,将其分为粗大动作及精细动作两类测试,在粗大动作分测试中有反射、固定、移动、物体控制等测试,在精细动作分测试中有抓握、视觉运动统合等内容。英国有一项关于儿童标准运动协调能力的评估测试。测试由心理测试开发团队研发,包含三个年龄层(3~6岁、7~10岁、11~16岁),依照年龄增加会逐渐加深测验难度,或增加不同的实施项目。测试基本能力包括手部精细操作、手眼协调、静态以及动态平衡能力。该三大能力是儿童成长发育过程中各项运动协调能力的基本组成因素。

(三)基于大数据的幼儿运动评估实施的研究

1. 国内研究现状

2012年,杨小乐开展了"3~4岁幼儿运动发育水平测量与评价"研究,研究测试对象、测试者、测试工具(包括测试的环境、需要的器材、测试成本)、测试实施、量表的计分形式,其中测试实施包括量表测量项目的搜集与整理、预测验、预备量表结构、测试方法和重复测试。为了验证项目的合理性,可抽取部分对象反复验证。测量者包括主测人和辅测人。测量项目和流程清晰,测量主体由两人共同完成。

2. 国外研究现状

国外研究学者们把研究对象延伸至特殊幼儿,细化了量表和实施过程。2006年,瑞典学者Eliasson等人把评估结果分为5个级别,在日常活动中观察分析。1989年,美国学者Russell对特殊儿童进行运动功能评估时将内容细化为88项,并进行个体化描述及量化记录,以便制订出针对性强且比较细致的治疗方案。1992年,由英国心理学家Henderson和Sugden开发的评估量表则偏向感觉运动能力,项目在复测的一致性方面非常高。1985年,美国学者Ulrich开发的评估量表,其目的是通过测评儿童的运动能力和物体控制技能来识别运动能力不佳的儿童。

(四)研究情况分析

综上所述,国内外对幼儿园运动课程虽然有了一定的研究,但是以信息化作为手段来开展更为科学、全面、严谨的运动课程实践探索的研究不多,有的仅是作为激发幼儿运动兴趣的手段,具有片面性,缺乏系统研究。

我们将依托运动信息技术,开展相关运动项目,采集运动数据,更好地关注每个幼儿的运动水平发展情况,调整"全天候"运动目标、内容、策略等,突出信息技术运用下的科学性。

第二节 "全天候"运动的实践研究历程

一、"全天候"运动理念指引

(一)目标再认识:基本动作 + 身体素质

《3~6岁儿童学习与发展指南》明确了幼儿平衡能力、力量和耐力练习等基本素质的目标,并且明确了两个着手点:一是以幼儿身体动作为切入点,有目的、有计划地开展适合于幼儿的体育活动;二是有目的地将幼儿基本动作的发展与身体素质的提高有机地结合起来,明确

动作发展是重要目标，身体素质发展是核心目标。那么，哪些范畴属于基本动作，哪些范畴属于身体素质呢？《3～6岁儿童学习与发展指南》明确了如何在环境创设上充分保证基本动作练习的同时，力争体现积极探索、大胆尝试和体验等方面素质的培养。

（二）标准更清晰：合理期望＋发展阶梯

《3～6岁儿童学习与发展指南》中的目标部分分别对3～4岁、4～5岁、5～6岁三个年龄段末期幼儿能做什么、大致可以达到什么发展水平，提出了合理期望，让教师有了参照。教师带着目标指导幼儿时，有助于支持和引导他们从原有水平向更高水平发展，即按照幼儿自身的速度和方式到达其所呈现的发展"阶梯"。

（三）行为更规范：重培训＋重观察

在运动专题培训中，我园邀请第三方专业培训机构定期指导，帮助教师梳理集体活动中如何观察、观察什么，从力量、协调、平衡、灵敏等身体素质角度细分基本的核心动作。教师在重点跟踪观察三个不同层次幼儿现场活动后的心率、实际运动情况后，集中分析近期的期望值和需调整的环节。在运动实践指导中，教师逐渐认识到观察的重要性，并在保证安全的条件下，放手让孩子挑战不同的运动器械。

二、"全天候"运动实践讨论

（一）以"问题式研究"为切入点，开启园本化研究探索之路

我们的研究过程具有"问题式研究"为切入点。随着团队的不断发展，运动课程园本化的步伐在加快。

问题一：当天气发生变化时，如何保证幼儿的运动时间不受影响？

当天气发生变化时，幼儿园原有的户外区域运动方案已经不能满足需要了。为此，幼儿园在原有户外运动方案的基础上，根据实际情况，增加风雨操场并形成雨天运动方案，以确保在各种天气条件下都能保证幼儿的运动时间不受影响。

问题二：如何充分利用现有资源，拓展运动空间？

幼儿园现在经常使用的运动场地有大操场、风雨操场、室内轮滑室等，而教室之间的通道、走廊、楼梯场地较大但利用率不高。如何根据这些场地设计既安全又适宜的活动是值得大家思考的问题。如何充分利用社区、学校、家庭、园区教育实践基地等周边教育资源拓展运动空间，是下阶段需要努力的方向。

问题三：各年龄段的户外区域运动内容选择的适宜性如何？

经过专家指导培训、现场观察记录分析等阶段后，我们认为：小班户外区域运动内容设计要注重"一物多玩"，即教师可根据设置的区域创设相应的游戏情节，以自身的语言和行为不断地让幼儿保持活动的热情和兴趣；中大班则应注重选择综合性的内容，注重挑战性和合作能力的培养，尊重幼儿的自主选择，引导和帮助幼儿在活动中学会选择与人交往，并引导和指导幼儿学会活动的方法，以及提醒和帮助幼儿学会控制和调整活动量。

（二）以"案例式解读"为突破口，推进园本化研究的深入

我园一直在幼儿运动专家黄保法老师的指导下，开展幼儿运动教学活动的实践研究。从2014年开始，我们根据教师的实际情况，系统开展了有关科学运动、运动观察的讲座。2015

年针对"全天候运动"的特点，确立了凸显我园运动特点的春、夏、秋、冬四季幼儿运动会主题活动。在日常实践和研究过程中，教师们转变观念注重观察幼儿的运动行为和反思，教研活动形式也从以往的理论学习转向了案例分析解读。如在分析中班案例"轮滑区如何更好地体现合作"时，大家通过讨论，一致明确：中班幼儿合作的水平较高，且有一定的比赛参与意识。为了让幼儿们合作水平更高，教师有必要在活动前提出具体要求，让幼儿们带着任务、带着挑战去探索，即为幼儿创设有利于合作的环境，让幼儿为进入大班提前做好心理准备。

（三）以"循环式研讨"为手段，拓展园本化研究的思路

带着问题，我园从运动时间、运动空间、运动内容三方面开展实践研讨。雨天什么样的运动内容适合在室内开展？如何做到动静交替、粗大动作与精细动作互补？一个个区域、一个个方案在实践、反思、再实践的"循环式研讨"过程中得到完善。2013 年，我们考虑天气因素制订了晴天、雨天和雾霾三套幼儿区域运动的方案。2014 年，在对幼儿运动观察记录后，确立春秋、夏季、冬季三套幼儿户外区域运动方案，从而在一定程度上保证幼儿适宜的活动量。2015 年，幼儿运动观察记录不断更新，各班根据幼儿年龄特点设计运动记录墙，教师与幼儿共同参与运动记录，使运动评价更科学、更全面，研究思路日益明朗。

1. 空间的拓展

教室内、走廊、风雨操场、轮滑室、操场、挑战区都成为幼儿运动的场地。教师则注重运动活动的设计。

2. 时间的保证

晴天、雨天和雾霾三套幼儿区域运动方案的实施，提高了运动课程实施的有效性，从而确保运动时间充足，即不因雨天、雾霾天而随意改变。

3. 内容的丰富

教师根据幼儿年龄特点、实际需求、场地变化、天气变化来设计内容多样的运动。丰富多样的运动也成为教师运动设计的资源库，从而让幼儿有了更多的选择。

三、"全天候"运动学本汇编

在研究了"全天候"运动一段时间之后，2015 年 5 月，幼儿园对前期的研究进行了阶段性梳理，汇编成了《动感童跃》区级学本。同时明确了"动感童跃"的内涵，即：让运动成为幼儿的一种生活习惯，注重运动内容的基础性与挑战性，注重运动时间安排的合理性，注重运动空间安排的开放性。通过《动感童跃》的编写和区级学本推进会的承办，幼儿园运动特色创建初显成效。

（一）学本编写的思考

❓ **思考一：** 为何编？（关于目的的思考）

1. 将目标进一步落到实处

此学本编写目的在于将《3 ~ 6 岁儿童学习与发展指南》中的目标进一步解读和细化，将其理论知识在实践中加以运用，并将健康领域的目标与具体的运动内容、指导要点、观察要点有效结合，使教师多一本参考用书。

2. 为幼儿积累运动经验，拓展渠道

此学本面对的读者除了教师，更主要的是幼儿。图文并茂的形式便于幼儿翻看和理解。幼

儿可以借鉴书中的运动内容和方法。这为幼儿积累运动经验拓展了新的渠道。

3. 为家长指导幼儿运动提供范本

此学本同样适用于家庭，可鼓励家长与孩子共用、共学此学本。家长可按照学本中的动作提示指导孩子开展运动。

思考二： 编什么?（关于维度的思考）

1. 从分歧到统一

一开始，对编写内容的选取，教师们提出了两种看法：一是认为应该参考《3～6岁儿童学习与发展指南》"健康领域"内容中的基本动作进行编写；二是认为应选取幼儿喜欢的、带有角色的运动游戏。

前期调查显示：教师能重视发展幼儿的基本动作，能在幼儿进行基本动作练习时给予正确指导。但教师有时只顾及幼儿的兴趣而忽视动作发展上的指导；在幼儿进行基本动作练习的过程中，教师没有将此练习与身体素质的提高有机结合，也就是并未将幼儿身体素质的培养作为核心目标。因此，当教师们再次解读指南时，愈加明确了"发展基本动作是重要目标"及"培养身体素质是核心目标"的主要观点，从而统一了基本思路，即以"基本动作"为主线进行编写。

2. 从求全到聚焦

前期，依据《3～6岁儿童学习与发展指南》和教师参考用书《运动》中的要求，我们罗列了以下基本动作：走、跑、跳、踢、转、抛、接、投、拍、滚、平衡、钻、爬、攀、滑行、推拉抬、悬垂、球类、车类、体操、排队等，较为全面地包含了幼儿身体运动的基本动作。

调研后发现：要转变"求全思路"为"聚焦思路"。于是，基于幼儿身体素质的提高和动作的挑战性，我们提炼梳理出10个基本动作，如行走、跑跳、攀爬、投掷、滑行、推拉、悬垂、平衡等。

3. 从宽泛到具体

在编写学本过程中，为了确保动作的规范性，我们将各类动作进行了细化，每个动作被分解成了多个步骤。但在让幼儿实际学用的过程中，我们发现过于宽泛和细化动作的步骤反而限制了幼儿的自主性。

因此，我们转为重点呈现该运动内容的1～2个核心动作，给幼儿留有思考的余地。

思考三： 如何编?（关于内容的思考）

1. 讨论与筛选

我们根据初期罗列出的62个运动内容，在教师体验动作要领、幼儿体验动作玩法的基础上，基于"运动活动要充满野趣、挑战"的角度考虑，筛选出具有代表性的31个挑战类运动。

教师体验：我园根据运动特色，邀请黄保法老师对教师进行体验式培训，不断梳理运动活动必须具备的基本理念，讲解各基本动作的核心经验、主要形式及注意要点，并结合实践，让教师参与走、跑、跳、投掷、平衡等基本动作的体验。

幼儿体验：结合挑战区中创设的相对固定的运动场景，让幼儿分组"试玩体验"，教师则观察幼儿呈现出的动作是否多样。结合平时抓拍、捕捉的运动现场照片，让幼儿理解并进行"对照体验"，教师则观察动作是否有挑战。结合难度大的、动作要求高的基本动作，教师示范讲解，幼儿进行"模仿体验"，教师则观察并指导幼儿动作是否规范。

2．选择与设计

我们分别对各个基本动作的内容进行初步设计，并在实践中尝试，由此梳理出相关内容。对幼儿、教师、家长开展运动兴趣方面的访谈调研及动作指导、难易程度等方面的现场调研。把调研信息与相关内容整合，从而确定了运动内容。接着着手收集照片、儿歌等素材。例如，指向基本动作"跑跳"的内容有小兔跳、纵跳、跳垄沟、跳笆斗、跃龙门等。但在调研后，我们筛选出了"跳垄沟、跳笆斗、跃龙门"三项内容（充分体现挑战性、趣味性）。另外，挑战运动拓展区域中广受孩子们喜爱的飞越沼泽、走高架网、勇走荡桥也收录在书中。

3．观摩与建议

当幼儿在进行试玩体验、对照体验、模仿体验时，教师们通过观摩幼儿的玩法，并根据幼儿的现场表现提出合理建议。对于难度低的，要提出新的挑战要求，让幼儿再去尝试、摸索；对于合作要求高的，提出核心关键点和合作要求；对于具有潜在危险的动作，提出可操作的保护方案；对于材料隐性规则不清晰的，制作相关安全提示。

（二）学本推进的做法

学本的使用，使幼儿能边看边学图片中的分解动作。这既简化了教师的指导，也便于孩子的理解。园内投放的学本，可以使教师在动作指导时更具科学性、适宜性，即让教师多了一本实用的指导用书。教师不但熟悉量化的运动要求，还要熟悉动作基本要领，帮助幼儿掌握运动技巧，使幼儿运动行为更规范、更科学、更多样。如书中"小猴攀"部分，在实际使用时，教师在保留原有动作的基础上，增加了竹竿、竹梯、绳圈等多种材料。这既丰富了运动内容和挑战性，又满足了不同发展层次幼儿对于运动的需求。

体验一： 对照图片简便易学

在户外运动区域，教师将学本中的动作制作成提示小卡片（如"象步走"），放置在活动环境中。孩子能对照图片模仿，也可找同伴一起模仿。对于难度高的动作，幼儿可以在教师和学本的指导下，不断探索和实践，从而逐步积累基本的运动经验。

体验二： 亲子互动共学共进

在家里，学本的投放可以方便家长和孩子共看共学。"图加文"的形式就如另一位"老师"，指导着家长和孩子共同进步，从而达到家园共育的效果。例如，为了宣传"运动无处不在"的理念，我们特地在学本中加入了"跨垄沟"，旨在启发并引导家长和幼儿，我们的生活中处处有适合运动的环境和场所。

体验三： 结伴运动互助分享

在涉及运动的谈话活动中，教师可以对照当天活动情况，结合学本，让孩子们谈谈"你喜欢哪个内容""你有哪些不一样的玩法""还可以怎样玩"，从而发挥孩子们在运动中的创造性。教师还把学本中的基本动作制成幻灯片，在班级里滚动播放。当幼儿对其产生兴趣时，会主动询问教师。

CHAPTER 02

第二章 "全天候"运动研究的理论基础

在"快乐奔跑的孩子，自然和谐的教育"这一办园理念的引领下，我园成功地引入了嘉定区学前教育"大视野"课程和区数字化转型户外活动项目。这一举措为"全天候"运动研究奠定了坚实的基础，并促进了多项区级、市级运动课题研究的开展。通过这些研究，我园不仅深化了对运动实施的理解，还丰富了运动资源内容，进一步凝练和深化了运动教育的思考。

在"全天候"运动的"思与行"探索过程中，我园的运动理念日渐成熟，不断引领全体师生共同成长与发展。

第一节 "全天候"运动的核心与理念

一、"全天候"运动核心

我园开展的"全天候"运动研究，旨在探索如何将"全天候"理念应用于运动之中。我们深入考察运动的时间和空间安排，以及运动课程的统筹管理，以此全面提高幼儿的运动能力和行动安全性。此举旨在为将运动转化为幼儿生活习惯的理念奠定坚实基础。我们遵循幼儿热爱运动、亲近自然的天性，让他们在充满挑战的环境中进行体验与尝试，从而唤起他们的自我保护意识。在实践中，我们充分利用自然与运动环境，丰富运动设施和设备，探索运动器械的多种玩法，将运动融入日常活动之中。我们开展富有趣味性、挑战性、自主性和科学性的运动项目，确保运动的实施不受环境和气候变化的影响，使得"全天候"运动成为现实。

因此，我园"全天候"运动的核心理念是实现"三全"育人。这"三全"包括"全员"，指的是关注每一位孩子的健康；"全方位"，即集中于幼儿在运动兴趣、运动能力、运动习惯与品质等方面的发展，通过"运动健体、运动育德、运动启智、运动达美"四个维度，促进幼儿全面且和谐的可持续发展；"全程"，着重于培养幼儿的运动兴趣，为其一生的健康生活打下坚实的基础。

二、"全天候"运动理念

（一）"全天候"运动实施原则

1. 全身心原则

本原则旨在将户外运动的内容融入幼儿感兴趣的各类运动游戏及其他活动形式中，使教学过程愉快而轻松。通过这种方式，全天候运动不仅充满乐趣，而且能激发幼儿对运动的兴趣，调动其积极性。在这一过程中，幼儿不仅能培养情操，还能增强体质，提高动作的协调性与灵活性。

2. 全面性原则

本原则强调：运动课程需关注孩子的全面发展，该发展应是有序、科学且有益的。此原则不仅聚焦于幼儿运动兴趣和技能的提升，更重视其在运动中的品行、素养等各方面的和谐均衡发展。此外，还特别注重运动空间和时间的合理安排与利用，为幼儿提供更广泛、深入的运动体验和经验积累。

3. 全体性原则

本原则指出，运动应面向"每一个孩子"。依托信息技术的支持，深入了解每位孩子的独特性，针对其在运动中的个别差异，为每位孩子的运动能力和全面发展提供量身定制、精准施策的支持。这样做旨在促进每位孩子获得适宜、适度且适合其发展的机会。

（二）"全天候"运动环境创设

1. "森林式"园貌初展颜

近年来，幼儿园不断调整园内环境，力求使之与运动课程相结合，逐渐形成了"森林式"校园的特色。步入校园，仿佛置身于小树林之中，曲径通幽。四季花卉如樱花、梅花常年盛开，树林深处布置有时空隧道、蹦床等，深受孩子们喜爱。梧桐树、冬青树等常绿与落叶树相间错落，树与树之间的吊床，在树林间穿梭和护鸟行动，已成为孩子们常玩的项目。

2. "野趣式"格局显雏形

幼儿园操场包括足球场、篮球场、网球场、木制路、跑道及大型玩具，满足孩子们对各类运动的兴趣和动作发展需求。考虑到孩子们运动发展的需要，幼儿园又在南操场打造了"野趣式"运动格局。例如，在树林中设置了飞越黄河、高空走钢丝、消防总动员等富有挑战性的运动项目；在草地上搭建了具有情境性和野趣性的长城和起伏山坡，丰富了幼儿的运动空间。

3. "自然教育"相融合

本园秉持"自然教育"理念，致力于为幼儿提供宽松自由的环境，顺应每个幼儿的发展需求。我们不断对运动场地进行调整和完善，从环境可持续发展的角度增加树木种植，从运动野趣挑战的角度增设秋千、荡桥等；同时，考虑到安全和便利性，扩展了草坪，设置了运动器械存放处和幼儿休息区。在活动室环境管理上，我们以课程平衡和值日生管理为载体，从互动和能力发展的角度进行班级墙面布置和日常保洁管理。围绕办园理念，全面实施"自然教育"，帮助老师建立与幼儿发展相顺应的教学思想。此外，我们通过征集和积累创作了园歌《健康快乐歌》，并结合近年来的活动照片制作了音乐短片（MV），为文化建设注入生动的视听效果，突显幼儿园的自然教育理念。

第二节 "全天候"运动的意义与目的

一、"全天候"运动的研究意义

（一）有利于提高幼儿的运动素养

"全天候"运动项目依托信息技术，不仅在课程内容安排上实现了一日活动的有效渗透，而且更注重运动的科学性和适宜性，优化了教学策略，扩展了教学资源。依据《3～6岁儿童学习与发展指南》的要求，利用幼儿运动大数据，对不同运动项目的数据进行比较分析，识别幼儿在力量与耐力、平衡能力、协调与灵敏、速度等身体素质方面的优势和弱点。我们着重于让幼儿获得成功的体验，提高其运动能力和兴趣，增强其自信心，提升其与同伴、集体及社会的适应力，促进团队合作精神、豁达合群性格以及勇于挑战困难的运动素养的形成。

（二）有利于终身健康理念的形成

幼儿正处于身体和心理发育的初期和关键时期，维护和促进其健康是首要且最重要的任务。《3～6岁儿童学习与发展指南》明确指出："健康是指人在身体、心理和社会适应方面的良好状况。"运动是终身健康的基础，良好的运动习惯将伴随一生。在传统的运动教育中，幼儿对运动的认识通常来源于教师、同伴及自身的主观评价。我园通过现代教育技术平台，运用各类智能信息技术设备，创建了E运动活动室，其中包括七大运动体能测试项目。通过日常运动能力数据的采集，我们能够全面掌握幼儿运动能力的发展状况，并开展个性化的运动教学。幼儿通过佩戴运动手环，可以实时、具体地查看自己的运动数据（心率、步数、卡路里等），促进"运动行为"与"身体数据"的有效关联，提高对自身健康行为的关注，帮助幼儿准确识别自身运动状况并进行评价。我们在对体弱儿童的跟踪和调查中发现，幼儿的态度逐渐从"被动运动"转变为"主动运动"，健康理念逐渐在幼儿心中萌生。

（三）有利于科学评价幼儿的运动

"全天候"运动项目为教师、幼儿及家长提供了一日活动中各种运动场合的运动数据，以便了解幼儿运动的科学性和运动发展的个体差异。教师通过比较不同运动项目的数据，分析幼儿在力量与耐力、平衡能力、协调与灵敏、速度等身体素质方面的优势与弱点。在户外运动中，教师可以通过运动手环和现场观察，更准确、全面地了解幼儿运动中的数据（心率、步数、卡路里、呼吸）和状态。这些实证数据为教师后续支持和评价幼儿运动素养提供了依据，为制订班级和幼儿个性化运动方案提供了有力证据，引导教师从经验主义向实证主义转变，提升课程领导力。

（四）有利于完善特色运动课程建设

特色课程建设与实施在幼儿全面发展和幼儿园办学特色形成方面扮演着重要角色。国内外对幼儿园运动课程的研究虽然不少，但利用信息化手段进行科学、全面、严谨的运动实践探索相对较少，运动精神培养和幼儿全面发展理念的结合尚未深入，科学意识也不够强烈。我园经过十多年的努力，运动课程实践研究初现成效，获得同行的一致认可。幼儿园运动环境、E运动活动室、一日活动课程内容的安排等，均进一步推动了"全天候"运动的可行性，满足了幼儿的运动需求。作为上海市一级园，我们的研究一直专注于幼儿的发展。我们的运动课程核心是促进每个幼儿的健康成长。近年来，我园以运动教学为特色课程突破口，运用运动数据分析了解每个幼儿的运动发展水平，关注个体运动能力的差异，不断调整教学行为与策略，优化运动课程目标、内容及实施方法，完善和提升已有运动特色课程的内涵。

（五）有利于推进信息技术在教学中的运用

根据《关于嘉定区教育信息化建设的实施方案》，信息化被视为加速推进教育现代化的重要支点，全面推进嘉定区智慧教育等深度变革。《上海市幼儿园信息化建设与应用指南（试行）》强调实践应用的重要性，提出以幼儿园信息化应用水平为评价准则，引导幼儿园从信息化的基本应用水平逐步发展到综合应用水平、创新应用水平，不断提高信息技术在教育发展中的效能。

自 2020 年起，我园通过现代教育技术平台，使用各类智能信息技术设备，创建了 E 运动活动室，并引入幼儿智能运动手环。教师通过收集幼儿运动数据、建立幼儿运动数据库、分析评价幼儿运动能力及制订个性化教学活动等手段，利用信息技术赋能教育教学。这样做不仅提升了幼儿的运动发展水平，也增强了教师的教育教学能力，有效推进了信息技术在教学中的应用。

二、"全天候"运动的研究目的

（一）基于幼儿健康身体发展的需要

我园将现有运动环境划分为八大区域，并配备了相应的运动材料，初步满足了幼儿户外运动的需求。然而，经过两年的实践，我们发现在运动实施过程中仍有许多不足，幼儿运动能力的发展也呈现不均衡现象。2013 年，朱桥幼儿园 3～6 岁幼儿身体素质现状调查显示，不同年龄段幼儿在平衡与协调、速度与敏捷、下肢爆发力等方面存在显著差异，这些能力随年龄增长而提升。尤其在单脚站立、双脚连续跳、跳远、平衡木、十米折返跑、跳绳、网球掷远、平梯、拍球、手脚并走 8 字等项目上表现明显。但在上肢耐力、腹部力量和身体柔韧性方面，三个年龄段幼儿的发展水平无显著差异，这些能力也未随年龄提升。由此可知，单纯的普及性户外区域运动无法充分满足幼儿的运动兴趣和进一步发展需求。虽然宽阔的运动场地暂时满足了幼儿对运动的需求，但在新环境材料投放、教师指导策略等方面的层次性和多样性不足，无法充分满足幼儿运动能力发展的新需求。

（二）基于深入开展运动研究的需要

根据《上海市学前教育课程指南》，幼儿园课程应使幼儿"积极活动，增强体质，提高运动能力和行动的安全性"。《3～6 岁儿童学习与发展指南》强调："幼儿阶段是儿童身体发育和机能发展极为迅速的时期，也是形成安全感和乐观态度的重要阶段。发育良好的身体、愉快的情绪、强健的体质、协调的动作、良好的生活习惯和基本生活能力，是幼儿身心健康的重要标志，也是其他领域学习与发展的基础。"在户外运动场地、大型玩具、风雨操场等投入使用后，我园对户外运动区域划分、材料投放进行了探讨和研究。我们发现，在运动内容、指导策略等方面的研究尚不够深入，特别是在空气污染来袭时，幼儿的运动机会和空间就会受到一定的影响。运动内容的选择与时间安排未经充分梳理，导致运动课程研究缺乏系统性和可操作性。从运动环境来看，我园内外的运动空间以及风雨操场等设施，可以确保幼儿在各种天气条件下，如刮风、下雨、寒冷或酷热等，均能进行"全天候"运动。我们计划进一步提升已有的

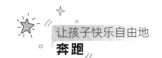

实践研究成果，重视将教育实践与理性思考相结合，致力于为幼儿提供一个全天候、自主的运动空间，深入挖掘户外区域运动场地和风雨操场的潜在资源，让运动提升幼儿身体素质和运动品质，为幼儿的健康成长打下扎实的基础。

（三）基于运动环境价值挖掘的需要

在户外运动场地投入使用后，我们参考《运动》一书的指导，利用幼儿园内的开心果园，为幼儿创设了高尔夫球场，以及在树林中布置了飞越黄河、高空走钢丝、消防总动员等富含野趣、挑战和情境性的活动，旨在通过创设多样的运动环境来丰富幼儿的运动空间。我们致力于构建和实施"全天候"运动内容，为幼儿提供丰富且适宜的运动环境。这包括器械设备的物质环境、游戏活动的心理环境，以及挑战勇敢的野趣环境，旨在促进幼儿在平衡与协调、速度与敏捷、力量、精细动作等方面的均衡发展。结合传统运动项目，我们引入了轮滑游戏、儿童高尔夫、运动拓展区域等新颖项目，特别注重提升中、大班幼儿的平衡能力，提高他们的动作协调性和灵敏度。

尽管运动环境得到了显著改善，但教师在深入研究环境的教育价值、设计活动中还存在待改进的方面。我们将继续深入研究，以提高教师的专业能力和教学质量，更好地挖掘运动环境的教育价值，为幼儿的全面发展提供更加坚实的支撑。

第三节　数据支持下幼儿运动能力的发展

一、有效数据库

针对幼儿运动能力的评估与提升，我园建立了一套有效的数据库。以大（1）班为例，期初测评显示，幼儿在跳远、趴地推球、平衡台等项目上表现优异，但在蹦床、十米折返跑、脚步器等项目上表现低于平均水平。这些数据表明，大（1）班幼儿在下肢爆发力、速度及灵活性方面存在弱势，在上肢力量、腰腹部力量方面有一定优势。

表2-1　大（1）班儿童运动项目期初与均值比较

	跳远 （毫米）	吊环 （秒）	蹦床 （个）	趴地推球 （个）	平衡台 （度）	十米折返跑 （毫秒）	脚步器 （秒）
期初	728	19	69	63	651	8726	1.57
均值	713	19	73	58	773	8772	1.61

（一）数据的采集与分析

2017年，我园与第三方公司合作，运用其开发的幼儿运动评估大数据平台，对幼儿日常运动数据进行存储与分析。该系统包含趴地推球、平衡台、拍球、蹦床、十米折返跑等多个软件系统，并配备了相应的电脑设备和运动设备。运动项目按照动静结合的原则布置，设有运动区、休息区和排队区，以满足数据采集与分析需求。目前，该系统在硬件与软件优化、指标科学性等方面已经过多次更新升级，以做到更适合幼儿运动需求，更严格落实国家幼儿运动标准，并获取更精确的数据。

以跳远项目为例，教师通过测试可以评估幼儿的下肢爆发力、弹跳力、协调能力和灵活性，监测下肢、关节和髋部肌肉的发育情况。跳远成绩越好，表明跳得越远，下肢能力越强。根据数据分析，四个班级的成绩排名为大（3）班＞大（1）班＞大（4）班＞大（2）班，其中大（2）班和大（4）班成绩低于均值。基于这些数据，教师应设计更多锻炼下肢力量的集体运动活动，同时在户外区域的运动中关注班级幼儿下肢力量的培养，加强在跑跳区、球类区的观察与指导，特别关注班级中表现较弱的幼儿。

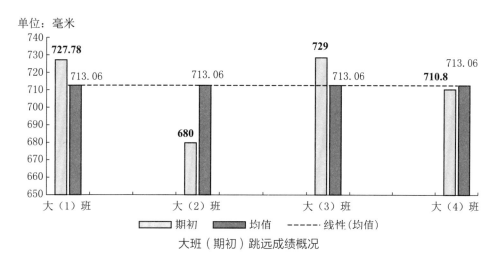

大班（期初）跳远成绩概况

（二）数据的评估与整合

我们坚持科学性、原始性、真实性、个性化和全面性的原则，定期对幼儿的运动能力进行标准化评估。为了提高评估的准确性和有效性，我们细化了评估方法，丰富了数据来源渠道。通过对运动能力的纵向比较与分析，我们能够更深入地理解每个个案幼儿的运动能力发展情况，为后续的个性化教学提供坚实的数据支撑。

（三）构建大数据平台

大数据技术的优势在于能够打破传统样本化研究的局限，直接对总体的数据进行分析处理。结合大数据技术、穿戴设备、互联网和测评技术，我们建立了一个综合的幼儿运动能力大数据平台。该平台借助云计算、云存储、智能传感器和移动终端等新兴技术，实现了数据的采集、整理和分析。它能够全方位地反映儿童在速度与灵敏能力、下肢力量与爆发力、平衡与协调能力、上肢力量、柔韧性等方面的运动能力和体质状况。此平台操作便捷，实现了儿童多项身体素质指标的自动化采集、整合和上传，同时实时显示各项测评结果报告，大大减轻了教师的工作量，提高了工作效率。

（四）数据的应用与处理

幼儿运动能力大数据平台的建立不仅填补了幼儿大数据集体监测的空白，还能够追踪每位幼儿的个人成长轨迹。在数据库中，我们进行多方式数据处理，提供幼儿的全面体质状况分析，揭示其在同龄人群中的优势和不足。这样的分析帮助教师针对性地进行幼儿的培养和矫正。

在研究过程中，我们不仅收集和分析了本园幼儿的运动数据，还利用"野孩子运动乐园"平台收集其他幼儿园儿童的运动数据。例如，2019年5月，嘉定区某幼儿园的大班儿童共40人参与了E运动体验活动。孩子们佩戴身份识别手环，自主刷卡后参加各项活动。测试过程中由教师看护，每个项目配备一名教师进行指导，若测试失败或有犯规情况，需刷卡重测。

通过下表可以看出，我园幼儿在吊环、趴地推球、平衡台、十米折返跑、打地鼠等项目上显示出了绝对优势。这些数据为我们提供了宝贵的参考，使我们能够在未来的教育和训练中更加精准地定位和改进，以促进幼儿的全面发展。

表2-2 2019年5月园内与园外运动能力对比

	跳远 （毫米）	吊环 （秒）	蹦床 （个）	趴地推球 （个）	平衡台 （度）	十米折返跑 （毫秒）	打地鼠 （秒）
园内	965.57	32.84	52	70	422	6759.30	30.94
园外	1188.69	22.28	64	48	588	7597.56	35.74

园内外大数据的对比分析，不仅使教师能够更加客观地评估幼儿的运动能力，还能对特定运动项目进行详细的数据解读。例如，吊环项目的分析就是一个典型的案例。吊环运动是一种牵拉练习，可以锻炼背部肌肉和骨骼，从而在一定程度上缓解和预防驼背。此外，吊环也有助于锻炼儿童的背部、肩膀和上臂肌肉等。吊环成绩的记录指标是"坚持时长（单位：秒）"，即从儿童双手拉上吊环双脚离地开始，到一只手或双手离开吊环结束的时间。数值越大表示坚持时间越长，成绩越好。

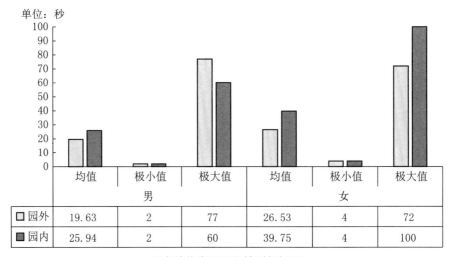

单位：秒	均值	极小值	极大值	均值	极小值	极大值
		男			女	
园外	19.63	2	77	26.53	4	72
园内	25.94	2	60	39.75	4	100

园内外儿童吊环坚持时长概况

通过数据我们可以发现，园外男生的最佳成绩为77秒，女生为72秒；而园内男生的最佳成绩为60秒，女生为100秒。与园外相比，园内成绩的波动幅度较大。此外，吊环成绩的极小值显示，部分儿童在该项目上表现较弱，难以保持两腿悬空状态，说明这部分儿童的上肢力量较弱，需要进行针对性的力量训练。吊环不仅受力量与耐力的影响，还与身体协调和技巧密切相关。通过园内外数据的对比，可以证明我园在日常教学中对儿童上肢力量的训练效果较好。这样的分析为我们提供了宝贵的参考信息，有助于我们进一步优化和改进幼儿的体育教学和训练方法。

二、实施精准教学

（一）基于数据分析的户外 E 运动

幼儿园的运动环境应根据教师对孩子们运动需求和运动能力的观察、了解及判断来进行灵活创设。E 运动活动室所生成的幼儿运动能力发展数据分析，为我们后续创设运动环境提供了客观和科学的依据。

1. 调整课程设置，确保课程实施的有效性

从课程设置的角度，我们对幼儿园大班的运动课程进行了优化调整。在保证幼儿每天 1 小时运动活动的基础上，通过不同的分组形式，开展 E 运动活动室的体验与评估活动，以确保课程的有效实施。

表 2-3　朱桥幼儿园大班运动课程设置情况表

时间	活动内容	活动形式	频 率
上午	区域活动	以班级为单位	每周四次
	户外 E 运动	大数据下的个性化混班运动	每周一次
下午	E 运动活动室	以班级为单位	每月有一周的自主运动，每月测评一次
	运动集体活动	小组 / 集体	每月一次

2. 调整区域设置，提高区域设置的科学性

根据 2019 届大班幼儿的数据分析，我们对幼儿园原有的运动区域设置进行了调整和丰富，创设了"球球总动员""滴滴部落""宝藏世界""探险乐园"四大区域。每个区域都配备了不同高低结构的材料供幼儿选择，促使幼儿在区域中呈现自由、自主的运动游戏状态。教师在布置材料时，有意识地将运动核心经验目标融入区域设置。例如，"滴滴部落"主要发展幼儿的腿部力量，对应于身体素质中的协调性。同时，参考《3 ～ 6 岁儿童学习与发展指南》，教师在每个区域设计了若干运动内容，以体现运动发展的基本能力"全"。这样的设置不仅促进了各种能力的融合，也带来了动作组合的变化，确保幼儿的身体素质能全方位得到锻炼。

3. 梳理观察要点，提高教师观察的目的性

教师智慧教学的起点在于理解，而理解幼儿的游戏行为，需要从敏锐而有目的的观察开始。为了有效地实现这一目标，我们结合专家指导、教研研讨、实践运用及反思调整，针对四个区域中幼儿核心经验的内容，制订了具体的观察要点。这些要点旨在帮助教师更有针对性地进行观察分析。

在实际应用中，教师依据观察量表（见表 2-4）使用符号或简单文字记录幼儿在运动中的表现。这样的记录方式不仅提高了观察的目的性，还增强了教学指导的有效性。通过这种方法，教师能够更好地捕捉幼儿在运动活动中的细微差别，及时调整教学策略，以促进幼儿在不同运动领域的均衡发展。

表2-4　球球总动员观察量表

班级：		幼儿：		日期：	年　　月　　日	
动作	上下肢配合	四肢躯干配合	左右两侧肢体对称配合	左右两侧肢体不对称配合	手眼协调
跑	★				
侧击球	★		★		★
拍球	★			★	
接球		★			★
踢球					
上手抛		△		△	
下手抛					
说明：★为强项；△为弱项					

4. 实施有针对性的户外区域运动指导策略

通过对幼儿的大数据分析及个体数据解读，教师对幼儿的运动能力进行了系统、全面的分析。在户外区域运动过程中，教师对幼儿进行了有针对性的指导。

（1）启发式指导策略

当幼儿在运动中遇到困难、兴趣受阻或难以解决问题时，教师采取多种手段帮助和启发幼儿完成游戏任务。

材料激趣法： 这种方法适用于那些在某方面能力较弱，因而对相关运动缺乏兴趣的幼儿。我们知道，幼儿的运动能力和经验可以通过与各种材料的互动逐渐积累。例如，大班幼儿可能喜欢用轮胎平铺成曲折的小径，或者将轮胎堆叠成小山，进行走小路、爬山、跳跃等运动游戏。在材料投放时，教师可以采取多样化的方式，比如一物多玩、多物一玩、多物多玩等，让幼儿感受到不同材料带来的不同运动效果，鼓励他们自由探索和组合不同类型的器械。

符号提示法： 这种方法适用于运动经验较少的幼儿。在运动过程中，幼儿可以通过模仿其他小朋友来激发自己的运动热情，并从中拓展自己的运动经验。教师在运动场地上设置多种运动方式的提示（如图片、照片、符号等），帮助幼儿理解和学习不同的运动方式。

例如，在进行"过竹竿"运动时，教师提供了幼儿在自主运动中创造的多种过竿方式，如"倒挂金钩""翻滚""直立行走"等。这些方式不仅让其他孩子在运动过程中可以学习和模仿，还可以激发幼儿创造出更多的过竿方式，最大限度地调动他们的运动智慧和运动经验。

（2）情景教学策略

情景教学策略是在运动教学过程中，教师有意识地引入或创设具有一定情绪色彩、生动具体的场景或角色体验，以此帮助幼儿愉快且积极地投入游戏中。这种策略的主要方法包括：

情景体验法： 当幼儿对各类动作内容比较熟练，但对运动缺乏兴趣时，这种方法尤为适用。游戏内容需要更具挑战性和刺激性，以吸引幼儿的注意力并促使他们投入其中。教师可以创设包含故事情节和角色的情景，如"大森林冒险""城堡探险""小兵打仗"等，并通过这些情景进行适当的引导和渲染，帮助幼儿更好地进入情景，积极参与运动活动。

例如，在投掷区域的活动中，教师创设了"我是小兵"的游戏。幼儿分成红、蓝两队，自主构建堡垒，并使用沙包、软球作为"炸弹"进行互相进攻。这种游戏设置立刻激发了孩子们的运动热情和兴趣，使他们在充满乐趣的氛围中积极参与运动，同时也在不知不觉中锻炼了他们的运动技能。

（3）自主学习策略

自主学习策略旨在为幼儿营造一个宽松愉悦、自主探究的运动环境，支持他们大胆尝试和探索。教师在幼儿活动中观察并鼓励幼儿相互学习、自主学习，以更好地促进他们的探究和尝试。

小教练互助法：当幼儿在掌握动作过程中表现出差异时，教师可以采用这种方法。在运动过程中，鼓励已经掌握新技能的幼儿帮助那些还未掌握的同伴，以学做"小教练"的方式降低被指导者的畏难情绪。例如，在"踩高跷"的活动中，那些已经掌握要领的孩子可以向其他孩子传授技巧，如通过语言提示和示范来进行指导，从而使所有孩子都能在互助中习得技能。

小组教学法：将某些方面能力较弱的幼儿组成新的小组，以便教师能更有针对性地进行指导，并为幼儿提供更多的锻炼机会。例如，在大班户外运动中，教师根据幼儿的运动能力发展情况，将他们分成不同的小组，并针对他们的弱项在运动场地和材料设置上进行调整。创设了如"球球总动员""宝藏乐园"等运动内容，针对练习孩子的平衡能力、力量等。在这样的环境中，孩子们可以针对自己的弱项，通过摆放材料来进行有针对性的练习。

（二）基于数据分析的集体教学活动

1. 幼儿运动现状分析

经过对幼儿运动能力数据的综合解读和在日常户外区域运动中对幼儿的观察，我们对每班幼儿的运动能力发展进行了详细分析。总结来看，导致幼儿运动能力发展薄弱的原因主要有以下几个：

一是运动兴趣有差异。一方面，幼儿的运动经验不足，无法帮助他们探索更多样化的运动方式，导致孩子们对运动的兴趣不足；另一方面，由于个体差异，如肥胖或体弱等，也减弱了幼儿对运动的兴趣。

二是动作技能有差异。运动的特殊性要求某些技能通过模仿学习获得。然而，分散的自由活动模式使得幼儿的运动经验较为零散，他们失去了许多相互模仿学习的机会。

三是运动品质有差异。部分幼儿存在畏难情绪或胆怯，不愿尝试新的动作，这影响了他们运动技能的发展和提升。

2. 幼儿运动组织实施

在对我园儿童运动能力进行数据分析后，我们掌握了幼儿在各方面的运动能力情况，并据此设计了相适宜的教学活动。通过与其他园所的对比研究，我们发现我园 2018 届大班幼儿在平衡与协调、灵活性、上肢力量方面表现优于他园幼儿，但在耐力和爆发力等下肢力量方面则相对较弱。

为了改善和提升年级组在这些弱势方面的表现，我们通过组织多种运动社团活动，设计了一系列集体运动活动。

表2-5 朱桥幼儿园大班运动集体活动一览表（部分）

活动内容	运动核心经验	实施建议
划龙舟	下肢力量	1. 下蹲走是一个比较枯燥的动作，教师一定要结合游戏情景，以提高幼儿的兴趣 2. 下蹲走动作对腿部力量要求比较高，因此在前两次游戏过程中一定要"高走"和"低走"相结合，避免幼儿过度疲劳后产生枯燥感
抢椅子	速度与灵敏	1. 在活动中可以融入对抗游戏，提高幼儿活动兴趣 2. 鼓励幼儿借鉴走、跑、跳、倒退走等动作的经验 3. 关注幼儿在活动中解决问题的能力
跑跑乐	跑动的能力、腿部力量	1. 给予幼儿反应方向的时间，要把握好口令之间的时间，以避免发生碰撞 2. 尝试各种身体移动的姿势，如站着转身走、坐姿转身跑、闭眼转身跑等
轮胎大力士	力量与耐力	1. 让幼儿尝试多种搬运轮胎的方式，如扛、抱、举、抬等 2. 注意动静交替，关注幼儿使用工具的情况

3. 幼儿运动指导策略

利用大数据，教师能够更科学地评估幼儿的不同运动水平，并在集体运动活动中实施不同的指导策略。

例如，在大班的集体运动活动"跑跑乐"中，教师根据十米折返跑的评估数据与班级均值进行对比。在此基础上，教师挑选了3组在下肢力量和速度方面表现出不同水平的幼儿，并对其进行标记。这样的做法使教师能够直观地判断班内幼儿的水平与能力，并根据这些信息采用不同的指导策略。

表2-6 "跑跑乐"活动中针对不同运动能力时幼儿教师的策略分析

活动环节	幼儿情况		
	能力弱	能力中等	能力强
热身环节：跟随指令	关注情况，语言鼓励	手势＋语言鼓励	关注动作的速度，适时提出要求
环节一：听指令做动作	及时鼓励，用动作示范	语言提示	用眼神、动作鼓励，加快指令的速度
环节二：听指令找方位	及时表扬，动作提示	语言提示	闭眼找方向
环节三：听指令转身跑	放在队伍的中后段，在幼儿做错时教师能示范正确的方向	观察情况，在尝试几次后做排头	成为小组的排头
放松活动	点评幼儿表现，并及时表扬		

教师在指导中考虑到幼儿在运动领域的经验、个体运动能力的差异、幼儿的兴趣和需求，基于数据分析得出活动生长点和关键点。教师在师生互动中根据对幼儿运动能力的判断，不断调整教学计划，进行有效的干预，以帮助幼儿达到课程目标。这是一个动态的过程，涉及师生

共同学习和共同构建认知。

（三）基于数据分析的幼儿个性化运动

基于数据分析，我们形成了一套相对完善的《幼儿健康手册》，旨在帮助教师和家长有目的地实施个性化的运动能力培养。

1. 制订幼儿运动个案，实现个性化支持

通过建立幼儿运动个案，教师能够对班级中的个别幼儿（如体弱儿童或有特殊需求的幼儿）进行更有针对性的观察和指导。结合大数据分析，教师可以更客观、全面地评估幼儿的运动能力，根据每个幼儿的发展现状和特点提供适当的指导，真正实现因材施教的教育理念和实践。

2. 完善幼儿运动菜单，实现个别化指导

《幼儿健康手册》中的运动菜单为家长和幼儿提供了自主选择的可能性。通过数据和照片，家长可以直观地看到幼儿运动发展的过程性轨迹。《幼儿健康手册》帮助家长更清晰地理解他们孩子所在年龄段的运动特点，从而在家庭环境中也能有效地支持孩子的运动发展。此外，手册的最后部分预留了空白页供家长留下感言或贴上运动照片，使手册更加丰富和有意义。

三、成果经验与总结

（一）数据的有效性

通过智能运动设备收集的测评数据不仅丰富且结果客观，有效反映了幼儿的能力情况，同时也减轻了教师的负担。我们在训练过程中设置了定性观察指标，从量化与质性两个维度进行评估。结合智能设备的数据化评估和质性评估，为每个幼儿建立了成长档案，记录了他们能力的变化。这样不仅使每一节课、每一次训练都能留下成长痕迹，也充分发挥了课程过程评价的参考作用。教师能够及时了解训练进度，掌握幼儿个性化发展规律，进而完善教学计划，调整教学行为和策略。

（二）运动的自由度

我们根据各年龄段幼儿动作发展的特点，系统地提供了多样的运动内容、科学的运动场地组合和生动有趣的运动情境。这不仅有效促进了幼儿各方面运动能力的全面、持续发展，同时也为幼儿自主探索运动内容提供了充足的空间。在这样自由、自主的环境中，幼儿可以尝试不同的运动器械，探索自身运动的发展，丰富运动体验，提高运动自信心，并提高参与运动活动的兴趣。

（三）指导的专业性

通过 E 运动评价，教师能够明确运动课程的价值、幼儿运动阶段性目标的达成度以及提升运动指导的针对性和科学性。此外，利用幼儿运动能力大数据解读、运动区域观察表等评价工具，教师对班级幼儿的动作发展情况能够做到心中有数。在设计运动活动时，教师能将运动的趣味性与幼儿动作发展的共性和个性有效结合，提高组织和实施运动活动的科学性。

（四）观念的引导性

《幼儿健康手册》能帮助家长直观了解幼儿的运动能力发展情况。在运动课程实施过程中，

幼儿展现出自信、敢于挑战、积极参与运动和快乐成长的特质。这也会引导家长的教育观念发生变化，更加关注幼儿"怎么学"的过程。

（五）测评的科学性

我园运动能力的评估通过专业的测评设备进行，相比以往仅凭教师经验判断的方法，现在的测评有了更为科学的依据。但如何将这些测评与常态运动课程实践相结合，如何通过技术手段监测每个幼儿的日常运动能力，这些方面仍需要在实践中不断完善和改进。

CHAPTER 03

第三章 "全天候"运动研究的应用设计

以大数据作为科学运动的研究载体，使我园的教育教学在信息技术方面有了新的尝试与突破。在儿童发展优先的理念下，我园以信息技术赋能教育，坚持以运动特色作为引领，将"全天候"理念贯彻落实到幼儿园发展的方方面面。我园凝练运动发展目标，创设形式多样的运动内容，充分开发运动资源，给予幼儿丰富的运动体验，并有效利用运动数据，让幼儿的发展看得见。全园形成了"我运动，我健康，我快乐"的健康运动风气，促进了每一个幼儿健康、快乐地成长。

第一节 "全天候"运动的目标与结构设置

一、"全天候"运动目标

（一）"全天候"运动目标的制订原则

1. 整体性与全面性原则

幼儿的学习与发展具有整体性的特点。幼儿园的教育任务应体现对幼儿实施德、智、体、美、劳的全面发展，为幼小衔接打下基础，也为其终身发展奠定基础。因此我园在制订"全天候"运动目标时，尽量做到涵盖面全，即指向幼儿的全面发展，体现"三全"育人理念。

2. 阶段性与连续性原则

幼儿园总目标的实现要依靠各个层次目标的层层落实。所以在制订运动目标时，应遵循阶段性与连续性原则。第一，各年龄段的运动目标要相互衔接，体现幼儿身心发展的渐进性与连续性；第二，各个层次目标之间要协调一致，每层目标都应该是上一层目标的具体化，这样就能防止目标之间的脱节。比如运动能力包括体能与动作技能，而体能又可分为力量与耐力、平衡能力、协调性与灵敏性、柔韧性四个小目标，再往下就能落实到具体的学习内容。

3. 可行性与可接受性原则

我园在制订"全天候"运动目标时，充分考虑本地区、本园幼儿的实际。另外，"全天候"运动目标制订还考虑幼儿的可接受能力，要把目标锁定在幼儿的最近发展区内，避免过度拔高

或降低幼儿的运动能力。

（二）"全天候"运动目标的来源

我园"全天候"运动总目标的制订，主要以《上海市学前教育课程指南》《3～6岁儿童学习与发展指南》等为依据，在价值取向和表述内容上与国家、地方课程总目标及方向保持一致，强调了幼儿运动中的良好行为习惯、运动发展能力、意志品质等方面。同时结合本园课程理念，提出了本园课程实施后幼儿发展的最终水平和状态，凸显"全天候"运动总目标的要求。

（三）"全天候"运动总目标

在办园理念"快乐奔跑的孩子，自然和谐的教育"的引领下，我园"全天候"运动总目标为：乐于运动，喜欢与同伴一起参与运动游戏，具有良好的规则意识、健康认知与健康生活习惯与良好的运动兴趣；善于运动，具备基本的动作技能和发展良好的体能，有一定的运动能力；勇于运动，初步具有敢于挑战、不怕困难、开朗自信、团结协作的运动品质。

（四）"全天候"运动目标的分类

2017年底，教育部提出的涵盖运动能力、健康行为和体育品德的体育与健康学科核心素养，为我园制订"全天候"运动课程目标提供了新的思路与设想。我园结合国内外教育教学前沿理论与最新的幼儿发展理念，根据3～6岁幼儿的身心发展特征，从运动兴趣、运动能力和运动习惯与品质三个维度提出了具体的课程目标。其中，运动兴趣包括运动热情、运动参与和运动创新，运动能力包括动作技能和体能，运动习惯与品质包括生活习惯、安全行为、意志品质和团队精神。

（五）"全天候"运动具体目标

根据幼儿不同阶段的身心发展特点，"全天候"运动针对小、中、大三个年龄段的幼儿运动发展水平提出了不同的目标。

小班（3～4岁）：重点是让幼儿初步体验、感受不同的身体活动方式，以发展幼儿的基本运动能力，并让幼儿愿意佩戴运动手环进行运动，从而初步形成运动习惯和运动兴趣。

中班（4～5岁）：重点是使幼儿更好地融入并参与运动，进一步学习各类动作技能，提升身体活动能力，锻炼基本身体素质，能看懂运动手环上的图标与数据，从而形成良好的运动习惯和运动品质。

大班（5～6岁）：重点是让幼儿积极主动参与各类运动，巩固和强化已经掌握的基本动作技能，提升其对基本动作技能的综合运动能力，初步了解运动数据与健康之间的关系，并能做出自我调整，从而具备更丰富的运动习惯和运动品质。

二、"全天候"运动结构

（一）课程分类

我园的课程设置充分体现了《上海市学前教育课程指南》的要求，即课程既要确保为幼儿提供其终身发展所需的基本经验和机会，也要适应个体幼儿的特殊需要。它从幼儿园课程功能维度可分为共同性课程和选择性课程两类。共同性课程面向幼儿园全体幼儿，体现促进幼儿基本发展的课程。它着眼于最基本的经验积累，使每个幼儿能积累相应的体验和感受，获得最基本的发展。选择性课程则基于我园"全天候"运动特色,因园而异、因人而异,以体现尊重幼儿个性化发展。它着眼于幼儿经验的扩展、提升,以满足幼儿的兴趣和特殊需要,尊重幼儿的自主权和选择权。

运动课程作为幼儿园共同性课程,既面向全体幼儿提供其终身发展的基本经验和机会,又根据我园"全天候"运动特色,将五大运动内容作为选择性课程融入幼儿园课程体系,以促进幼儿的个性化发展。运动课程的发展已形成"你中有我,我中有你,共融共建"的局面。

(二)运动资源

1. 风雨操场

风雨操场是半封闭的室内运动场所,投放了有趣而又具备功能定位的中小型体育器械及低结构材料,可以满足幼儿在不同气候环境下进行体育活动的需要。宽敞的场地和充足的器械能够满足幼儿在雨天、雾霾等特殊天气状况下运动的需要,为幼儿园开展"全天候"运动提供环境和安全的保障。

我园目前有六个风雨操场。每个风雨操场上的运动器械类型丰富、数量充足,既有大型的墙面或地面固定器械(如攀爬墙、攀爬架、蹦床、滑索等),也有小型的可移动的运动器械(如小荡桥、荡秋千、小平衡板等)。幼儿在活动中可以根据自身运动需求,选择相应器材进行合作或分散的运动。

表 3-1 朱桥幼儿园风雨操场及其运动器械

序号	风雨操场	主要运动器械
1	球球乐	篮球、足球、保龄球、软球等
2	爬爬乐	不同高度、大小的攀爬架等
3	蹦跳乐	大小蹦床、平衡板等
4	太空馆	荡秋千、荡桥、感统器材等
5	勇士挑战营	攀岩墙、大型攀爬架等
6	游戏馆	滑索、投掷、四人自行车等

2. 教室、走廊及活动室

我园的教室、走廊及活动室场地面积宽敞,除了保证幼儿一日生活使用之外,还可满足全园幼儿在特殊天气状况下的运动活动需求。在教室、走廊和相对比较宽敞的表演活动室里,可开展形式多样、内容丰富的室内运动。

表 3-2 朱桥幼儿园室内运动活动内容

序号	场 地	运动内容
1	教室	踩高跷绕桩、花式过障碍、勇敢者之路、套圈、两人对抗
2	走廊	动感跳跃、翻滚取物、过河、地面乒乓
3	表演活动室	花样轮滑、滑板冲冲冲

3. 户外场地

我园户外运动场地空间开阔，场地类型多样，有着高低起伏的山坡、平坦的塑胶场地以及柔软的草地。优美的环境、充足的日照为开展各种类型的运动提供必要保障。园内运动器械数量充足。可移动的中小型器械、固定的大型器械以及便于幼儿取放的低结构材料，都为幼儿开展有挑战、有趣味、有创造的户外运动提供了更多的可能性。

表 3-3　朱桥幼儿园户外运动活动内容（大班组）

序号	场　地	主要运动内容
1	时光隧道	你追我赶、大力士投掷、翻翻乐、小小拳击王
2	快乐跑道	急速快递、翻越大山、跳房子、玩滚筒、走箩筐……
3	球球总动员	足球对抗赛、花样篮球、门球对抗
4	翻山越岭	玩竹竿、探险之路、风火轮、过小桥
5	大型玩具	大型玩具
6	勇攀高峰	移动小器械
7	森林大闯关	攀爬架、小型器械
8	滴滴部落	滑步车比赛、滴滴快车……
9	花果山	抓尾巴、空中飞人、打地鼠、跨越小河
10	勇敢者道路	荡桥、小蹦床
11	密室逃脱	迷宫、翻越大山、空中城堡、敌我大作战、勇夺宝藏

（三）特色课程

在经历了多年的教育教学实践后，我园形成了符合实际且富有园本特色的课程。该课程的实施主要通过在共同性课程中渗透常规运动项目，以提高运动课程实施质量。同时在选择性课程中进一步发挥我园"全天候"运动特色，将在 E 运动活动室、小达人俱乐部、"野孩子"运动乐园中开展的专项内容作为研究突破点，从而提高幼儿身体素质，并促进幼儿全面、和谐地发展。

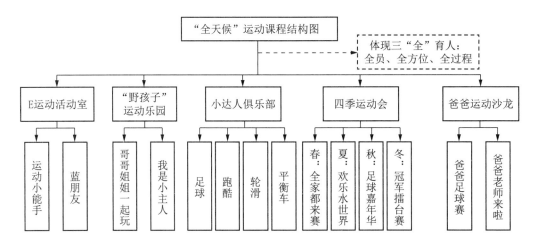

第二节 "全天候"运动的内容与组织形式

一、"全天候"运动的内容

（一）共同性运动课程的内容

共同性课程是指面向全体幼儿的，着眼于最基本的经验积累的，使每个幼儿能积累相应的体验和感受的，能满足幼儿全面发展的课程。我园结合"全天候"运动课程的实践，根据幼儿发展阶段目标对幼儿园空间场地进行合理安排，以帮助教师有目的地选择相应内容及活动场地开展各类运动活动。

表 3-4　朱桥幼儿园"全天候"运动实施计划表

场景	天气	上午	中午	下午
园内	晴天	• 小班： 快乐跑道（跑跳） 球球总动员（球类） 翻山越岭（平衡） 滴滴部落（车类） 大型玩具（综合） • 中班： 滴滴部落（车类） 大型玩具（综合） 勇攀高峰（攀爬） 花果山（综合） 森林大闯关（攀爬） • 大班： 时光隧道（综合） 快乐跑道（跑跳） 球球总动员（球类） 翻山越岭（平衡） 勇敢者道路（平衡） 密室逃脱（挑战）	• 小班： 操场散步（教师带领） • 中班： 小花园散步（个别幼儿带领） • 大班： 徒步旅行（幼儿自主分组开展）	• 小班： 蚂蚁运粮 占圈圈 送小动物回家、 小鱼快长大…… • 中班 老狼老狼几点了 走路的纸人 拉圈快走 母鸡与小鸡 踩脚印 我是滑稽人 骆驼运粮…… • 大班 两人三足 宇航员送粮 小海军 踩脚印 母鸡与小鸡 走路的纸人……
	雨天/雾霾	球球乐（球类） 爬爬乐（钻攀爬） 蹦跳乐（综合） 太空馆（平衡） 游戏馆（投掷） 勇士挑战营（平衡） E运动活动室（综合） 教室（综合） 多功能活动室（走跑跳）	• 小班： 同一楼层或教室散步 • 中班： 不同楼层或活动室 • 大班： 风雨操场散步	• 小班： 跳格子 • 中班： 跳房子 创意拍球 老鹰捉小鸡 • 大班： 扔沙包 打砖块 劈菱角

（续表）

场景	天气	上午	中午	下午
园外	晴天	家庭：亲子足球游戏、打羽毛球、打篮球…… 社区：三人足球赛、运动游乐场…… 远足：公园踏青……	家庭或社区：散步	• 小班 老狼老狼几点了 • 中班 趣味拍球 • 大班： 花样跳绳 亲子跳皮筋 跳竹竿
	雨天 / 雾霾	好玩的球、你投我接、玩绳子……		抖空竹

（二）选择性运动课程内容

选择性运动课程是指体现尊重幼儿园和幼儿的个性化发展的课程。它着眼于幼儿经验的扩展、提升，以满足幼儿的特殊需要，即幼儿的选择权。

"全天候"运动课程是幼儿园运动课程的补充，它包括 E 运动活动室、"野孩子"运动乐园、小达人俱乐部、四季运动会和爸爸运动沙龙五大项目。其展现了我园以信息技术为依托发展幼儿个性化运动的目标追求，助推了幼儿运动兴趣、运动能力、运动习惯与品质的扩展与提升。

表 3-5　朱桥幼儿园选择性课程安排表

序号	内容	频次	活动方式
1	E 运动活动室	每周一次	幼儿运动练习（每学期两次数据采集）
2	野孩子运动乐园	每学期一次	跨园联动（大班幼儿），大带小活动
3	小达人俱乐部（足球、跑酷、平衡车、轮滑）	每周一次	每周轮流，每班参与（第三方机构定期来园）
4	四季运动会	每学期两次	以全园、年级、班级、亲子等不同形式开展
5	爸爸运动沙龙	每学期一至两次	组建爸爸足球队进行比赛；引入爸爸运动助教

"E 运动活动室"中的设备可以帮助教师收集运动数据，以开展幼儿个性化研究，从而帮助教师优化课程设计；"'野孩子'运动乐园"是指我园与姐妹园的牵手活动，旨在共享运动资源；"小达人俱乐部"旨在让幼儿尝试多样的运动方式，在各专项运动中感受不同的肢体动作锻炼；"四季运动会"是教师根据不同季节特点设计的活动，旨在让幼儿尝试不同的运动项目，发展身体的协调性和灵活性，感受规则运动和亲子运动带来的乐趣，并在组队运动中增强合作、竞争、团队等意识；"爸爸运动沙龙"主要指通过爸爸足球队、爸爸运动助教等活动，拓展幼儿运动兴趣，增强亲子情感。

二、"全天候"运动组织形式

（一）集体运动活动——基于数据分析的活动选择

集体运动是指教师有目的、有计划地对幼儿实施各种能够促进幼儿身心健康的活动。其能促进幼儿基本动作的发展。我园的集体活动主要追求幼儿基本动作的习得，对各年龄段运动核心经验的积累。年级组以教师参考用书《运动》为基础，改编和原创了一些高结构集体活动并形成了我园的集体运动活动库。教师可以根据班级幼儿运动能力的特点设计班级个性化的集体活动内容。以 2022 届大（2）班为例，教师在 E 运动活动室中的测试项目中发现：幼儿在十米折返跑项目上的成绩（7.2 秒）高于年级组均值（6.9 秒）。于是，教师在活动库中选择了"森林大追捕""奔跑吧宝贝"等能够提升幼儿跑步经验的活动项目，加强了本班幼儿跑步的训练，使幼儿十米折返跑的成绩有了显著的提升。下表中的"★"表示这个年龄段的基础活动，是必须掌握的运动能力。其他活动则是选择性的活动，供教师根据班级幼儿发展水平选择。这体现了我园在全天候运动课程中"赋权"教师的理念，同时培养了教师的课程领导力。

表 3-6　朱桥幼儿园集体运动活动内容

年龄段	来源	内容	主题
小班	教材改编	扫地机器人（走跑追）	娃娃家
	原创活动	打雪怪（投掷） 灵活的汽车（走）★ "小猪"回家（推物走）	不怕冷 小司机 非主题
中班	教材改编	跨河（助跑跨跳）★ 玩圆布垫（滑步走） 勇敢的小矮人（半蹲走）	我在马路边 非主题 非主题
	原创活动	你好小椅子（平衡）★ 冲浪板（平衡） 超级飞侠（投掷）★ 功夫娃娃（滑步走） 勇闯冒险岛（平衡） 南极探险队（投掷）	我爱我家 水真有用 玩具总动员 周围的人 非主题 非主题
大班	教材改编	海浪滚滚（躲闪跑、跨跳）★ 森林大追捕（躲闪跑、追逐跑） 快乐投沙包（肩上快速投掷）★ 轮胎搬运工（行进滚物） 小小赛车手（平衡）	春夏和秋冬 有用的植物 非主题 我是中国人 我们的城市
	原创活动	奔跑吧宝贝（快速跑） 城市英雄（躲闪跑） 打地鼠（夹包投掷）★ 开心冲浪（躲闪）	我自己 我们的城市 动物大世界 春夏和秋冬

（二）个别化运动——运用信息技术满足个性化运动的需求

个别化运动旨在以运动数据为载体，基于儿童立场，设计符合个体幼儿兴趣、需求、能力发展的教学计划。我园以项目化形式融入"全天候"运动课程目标，并让每个班级以一个运动项目作为突破点。教师在环境、材料、资源上支持幼儿开展相关探索，从而培育幼儿对某项运动的兴趣和对运动精神的追求。我们重视运动环境对幼儿的教育和暗示作用，不断优化和丰富幼儿园运动环境的内容和形式。在走廊中展现不同运动的历史、奥运会运动明星以及幼儿佩戴运动手环的记录等，在走走、看看、说说中培育幼儿的运动兴趣以及不断挑战自我的运动品质。在教室中以项目化的形式围绕幼儿感兴趣的运动项目进行研究，鼓励幼儿发现运动中的问题并共同寻找解决方法，以此来激发幼儿深度的学习。如中班的项目化活动"始于足下"，它成形于在家中开展的亲子足球游戏。教师与幼儿产生的驱动型问题是：怎样开展一场足球赛？教师在园内利用个别化活动、班级足球赛等为幼儿提供活动平台。在整个过程中，幼儿始终作为活动的主体。该活动培养了幼儿对足球运动的兴趣、团队运动精神以及主动学习的能力，同时体现了"全天候"运动理念。

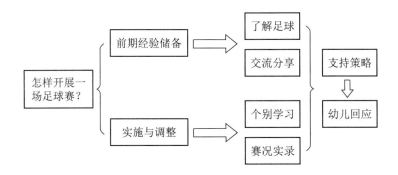

（三）亲子运动——借助信息技术提升亲子运动品质

运动是健康的生活方式。我园"全天候"运动以亲子形式定期开展系列实践活动，既增强了父母与子女间的联系，提升了亲子感情，又让幼儿在亲子互动中感受运动的魅力，体验运动的快乐，从而进一步增强体质、健全人格、磨炼意志。幼儿园设计了适合各年龄段幼儿的亲子运动内容，每学期定期组织亲子运动会、设计亲子运动大擂台等。这些活动受到了家长的热烈欢迎。

我园是全国足球特色幼儿园示范园。平时幼儿园会向大班幼儿家长推送家庭足球运动小游戏视频。每个视频时长 10 分钟。家长与幼儿可以在观看视频后一起开展运动游戏。家长在视频中教练的带领下指导幼儿玩足球游戏，与幼儿共同体验足球游戏的有趣。

在足球游戏"机场忙碌的一天"中，家长可以根据视频讲解内容准备足球游戏材料及运动路线，然后与幼儿跟随视频中的教练一起玩足球游戏。视频上会显示游戏倒计时，提示剩余时间。

第三节 "全天候"运动的评价与实施保障

一、"全天候"运动评价

（一）建立测评指标及数据库

第三方公司研发的幼儿运动评估大数据平台，利用可穿戴传感设备、Kinect动作捕捉技术和摄像头颜色识别技术追踪幼儿的身体动作和运动轨迹，并结合大数据、云计算等信息化技术手段，可以精确全面、立体地记录幼儿的实时运动数据，进而可以客观清晰地反映和评估每个幼儿、每项运动能力的发展现状。在课题研究过程中，我园从大肌肉运动出发，将测评指标细化为敏捷、平衡、协调、速度、力量等二级指标。

Ⅰ级测评指标	Ⅱ级测评指标	Ⅲ级测评指标	项目
大肌肉运动	平衡	平衡能力	蹦床
	敏捷协调	/	脚步器（打地鼠）
	速度	/	十米折返跑
	力量	上肢力量	吊环、趴地推球
		下肢力量	打地鼠
		腹部力量	趴地推球

自2019年开始，我园收集了每届大班幼儿运动数据并形成幼儿运动能力报告，以打造本园大数据平台。

（二）形成多种运动评价报告

我园运用信息化手段，分别完成了以年级或班级为单位的和基于每个幼儿情况的运动能力报告。通过信息化评价，教师可以厘清运动课程目标、幼儿运动发展阶段性目标的达成度，深化对各年龄段幼儿核心经验的认识及对动作方法的理解，明确幼儿动作发展的目标和要领。这样可以极大地提升运动指导的针对性和科学性。

同时，我园结合"孩子通"幼儿评价系统，参照《3～6岁儿童行为观察指引》对幼儿行为进行匹配，依托信息技术完善每个幼儿的"一人一档"以记录幼儿的成长过程；充分发挥家长资源，以"家园共议"的形式挖掘幼儿成长的故事与片段，并以媒体、文字等记录的形式作出客观的评价；引导教师与保育员共同关注幼儿的日常瞬间，并注重过程性资料的积累。

二、"全天候"运动实施保障

（一）组织保障：管理网络明职责

建立由园长担任组长，业务副园长、后勤副园长、科研组长、年级组长担任组员的研究小组。大家统一思想、各司其职、形成合力，有目的、有计划地开展"全天候"运动的实践研究工作。为了充分利用优质的教育资源，课程研究小组借助专家、专业机构的力量共同提高研究

的科学性、有效性。

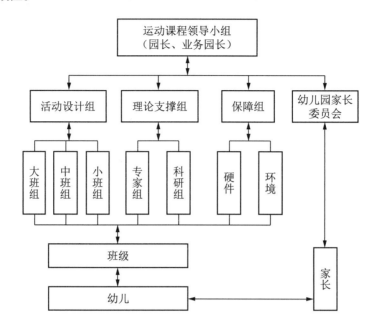

（二）环境保障：运动格局显野趣

在实践的过程中，我们明确思路，创设支持性环境，注重推进过程中的三个结合：与幼儿园特色培育结合、与教师专业发展结合、与幼儿发展结合。我们本着"让运动成为幼儿的一种生活习惯"的理念，为幼儿创设宽松的运动氛围，打造自主、自由的运动乐园。

1. 区域设置"7＋1"，为幼儿多种动作的发展提供足够的空间

我园 2012 年 9 月搬至新园址后，幼儿运动场地面积扩大了。近年来，幼儿园不断调整园内环境，使环境与幼儿园的运动课程相结合，并呈现出"森林式运动校园"的特点。我们尝试

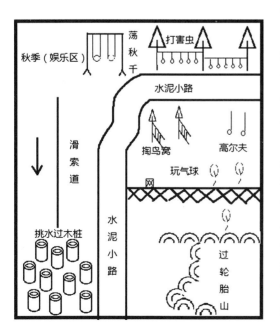

将《3～6 岁儿童学习与发展指南》健康领域的目标细化，以遵循我园"保底＋发展"的理念，并将操场划分为"7＋1"个运动区域（7 个基础性区域加 1 个发展性区域）：基础性区域即走跑跳区、平衡钻爬区、球类区、车类区、轮滑区、大型玩具投掷区和综合区，发展性区域即挑战区。区域的划分能满足幼儿对不同运动项目的兴趣选择和动作发展需求，从而在不同形式的运动活动中让幼儿感受健康和快乐；区域的划分更适合开展专项活动，能提高幼儿对专项运动活动内容的兴趣。幼儿园拓展的挑战区，能满足幼儿运动动态发展的需求。在南操场打造了野趣式运动格局，如在树林中创设飞越黄河、高空走钢丝、消防总动员等富有野趣、挑战的运动环境。在草地上搭建了长城和高高低低的山坡等具有情境

性、野趣性的运动环境。

2. 室内场地设置"6 + 1"，能满足风雨天气情况下幼儿运动的需求

幼儿园有 6 个风雨操场，其环境创设隐含了一些主题性和日常生活中的内容，让幼儿在潜移默化中得到熏陶。以轮滑为例，200 平方米的室内运动场为幼儿进行轮滑和滑板运动提供了安全保证。我园和上海"第六频道"俱乐部建立联系，在轮滑运动项目的教学上得到他们的专业指导。幼儿园则为有轮滑运动需求的孩子提供场所和教学资源。

3. 挑战区域设置"1 + 1"，为幼儿开展拓展运动项目提供场所

我园将原来围在教学楼外面的绿化场地改建成适合孩子活动的草坪和开心果园。绿色草坪成为孩子玩高尔夫项目的专用场地，同时成为他们日光浴的最佳场所。对幼儿园原有操场区域的绿草地得到了改建，增加了大树和小路，形成了"夏天树荫下运动，冬天阳光下运动"的自然运动格局。运动环境充满了挑战性和趣味性，木质结构的爬网、滑竿、滑索等可以让幼儿体验从高处顺势而下的刺激，过荡木桥、拉绳爬树、倒挂金钩等能让幼儿挑战胆量和能力……幼儿在各种富有挑战性的活动中，发展肢体动作，感受运动自信，享受户外游戏的"野趣"。

4. 材料摆放设置"X + 6"，为幼儿取放材料提供便捷

"X"指若干堆固定材料筒，"6"指 6 间材料屋。为了便于幼儿开展运动，根据运动区域的划分特点，我们在各个区域利用废旧材料制作了各种材料筒，在便于幼儿取放的同时也帮助幼儿养成良好的取放习惯。如将小型辅助材料放置于统一的绿色编织筐或白色材料柜中，幼儿能非常方便地选择自己需要的材料。操场西面的 6 间小木屋则存放了 6 个运动区域的运动材料，以方便保育员取放材料。

表 3-7　朱桥幼儿园户外运动材料一览表（节选）

区域	主要材料	辅助材料	乡土材料
球类区	足球、篮球、排球、网球、羽毛球、网状勺子球、门球、高尔夫球、拉拉球、弹弹球、软橄榄球、软球	球衣、纸棍、汽车标记、小树	跳绳、纸球
投掷区	六色布偶组、彩带飞盘组、保龄球、蜘蛛网、彩带棒、布沙包	布沙包	砖块、沙包、劈菱角
车类区	双人自行车、单人自行车（中大班）、单轮自行车（小班）、三轮拖车、滑板车、黄包车、独轮推车	小树，红绿灯，快递包裹	空竹、滚筒、纸车
跑跳区	几何组合玩具、脚跳球、跳袋、彩带、弹跳鞋、木跨栏、铁跨栏、组合跨栏、太阳伞、大羊角球、中羊角球、小羊角球、数字跳垫	绳子，纱巾	竹竿、铁环、皮筋
钻爬区	彩色门洞、软垫、圆滚筒、弧形滚筒	铃铛	轮胎
平衡区	弹跳床、大陀螺、平衡板、滑板、小小呼啦圈、小呼啦圈、中呼啦圈、大呼啦圈、毽子、奶粉罐、箩筐、竹梯	皮筋	小板凳、中板凳、长板凳、空竹

（三）人员保障：智囊团队把方向

我园的外聘专家团队会定期进行指导。一直以来，我园在幼儿运动专家黄保法老师的指导下开展幼儿运动集体教学活动的实践和研究。我园针对幼儿动作发展要领掌握与幼儿身体生理机能发展之间的有效衔接开展了多次研讨。2014年5月和6月，我园分别邀请了黄琼老师、郑艺老师来园指导。她们对我园幼儿运动给予了高度评价，一致认为一所农村的幼儿园能创设这样的运动环境，并开展基于幼儿发展的运动研究是非常不易的，活动设计也非常利于培养幼儿大胆挑战等意志品质。2015年10月，在学本推进会上，何幼华老师对我园的运动特色给予高度的评价。2014年开始，我园与第三方公司签订了教师培训和科研互助合同，并开展了很多科学运动、运动观察方面的讲座。接着，我们针对灵敏、协调、耐力等幼儿身体素质要求进行重点现场跟踪观察，让教师在现场中逐渐领会运动活动的价值取向，以培养幼儿自由探索、自主选择、团队合作、竞争上进等良好的运动习惯和方式，为幼儿终身发展奠定基础。

中　篇

运动解码
——"全天候"运动的研究探索

CHAPTER 04
第四章 "全天候"运动的发展现状

在应用大数据的背景下，我园以在职教师和 2022 届大班幼儿为对象，调查分析"全天候"运动课程实施与幼儿能力发展的关系，并充分了解目前"全天候"运动开展所存在的问题与可调整优化之处，便于后期改进与完善，以给予幼儿最完善、最有效的运动体验，满足幼儿身心发展需求。

第一节 幼儿园"全天候"运动实施现状

一、问卷调查情况

我们通过"问卷星"发放问卷，分析目前幼儿园"全天候"运动实施的现状，重点对课程目标、各年龄段观察要点、户外区域运动场地、运动护理、手环使用等方面进行调查。调查采用随机抽样的方式，调查对象为我园的 30 名教师。

问卷共分为两大部分：第一部分为调查对象的基本信息，包括性别、教龄、职称等；第二部分是我园当前"全天候"运动课程实施情况。

表 4-1 调查对象基本情况 单位：（人）

年龄	20 ～ 30 岁	31 ～ 40 岁	41 ～ 50 岁	51 ～ 60 岁
	16	11	2	1
教龄	5 年以下	5 ～ 10 年	10 ～ 20 年	20 年以上
	11	9	8	2
职称	高级	一级	二级	无
	0	12	13	5
所带班级	小班		中班	大班
	11		12	7

我们通过"问卷星"平台发放问卷并采集数据。然后,我们运用"问卷星"平台的数据汇总功能进行数据分析。

(一)"全天候"运动总目标的了解程度

对于"全天候"运动的总目标,教师中有 23.33% 表示完全清楚,73.33% 表示比较清楚,3.34% 表示不清楚。这说明教师对总目标基本了解,且对目标的解读基本到位。

(二)"全天候"运动各年龄段观察要点的了解程度

分析发现:26.67% 的教师对观察要点非常清晰,73.33% 的教师表示能基本掌握观察要点。这说明教师在实施课程中的目标意识是比较强的,能够依据本年龄段幼儿运动发展水平的标准来执行课程,并努力做到心中有目标,指导有方法。

(三)"全天候"运动观察记录内容的排列情况

从调查结果来看,教师们对幼儿运动的观察记录内容的频次从高到低依次为运动兴趣(96.67%)、运动情绪(96.67%)、运动品质(90%)、运动量(83.33%)、特殊情况(33.33%),可见教师的观察内容关注幼儿运动兴趣、运动情绪,其理念正从运动能力向运动品质转变。

(四)"全天候"运动场地选择的排列情况

从调查结果来看,户外运动区域是根据《3～6岁儿童学习与发展指南》、教师参考用书《运动》设置的。通过多年的"全天候"运动实践探索,我园获得了丰硕成果——"全天候"运动资源库。其已成为教师们日常参考的教学资源之一。另外,嘉定区学前教育"大视野"课程研究项目的推进,也不断丰富着运动课程资源。从幼儿对运动场地选择来看,得分从高到低依次是大型玩具区、车类区、挑战区、综合区、球类区、投掷与攀爬区、平衡区和跑跳区。由此可知,幼儿对平衡区、跑跳区选择的分值最低。

(五)"全天候"运动材料投放的认可情况

从调查结果来看,教师认为户外区域运动材料投放能非常满足幼儿运动的占 60%,基本满足幼儿运动的占 40%,不太满足或完全不满足的占 0%。这说明运动材料的投放较为丰富,但还存在着一定的上升空间。

(六)"全天候"运动活动内容的关注情况

从调查结果来看,在幼儿户外运动中,教师关注幼儿运动情况从高到低依次为体能(如力量与耐力、平衡能力、动作协调与灵敏),动作技能(走、跑、跳、攀爬、旋转、投、拍、接等),身体保健(自我调节运动量、选择合适的器材进行锻炼等),运动安全(运动服装、自我保护),体育品德(规则、意志),心理健康(情绪控制、亲社会行为),团队精神(协调合作、团结)。

(七)"全天候"户外运动中指导方法的运用

96.67% 的教师在运动指导中使用语言提示法、50% 使用行为暗示法、26.67% 使用小组分享法、6.67% 使用其他方法。在语言提示法中使用最多的语言提示有:注意安全、加油、小手抓抓牢、注意脚下以及动作技能方面的语言提示;部分教师在语言提示的同时配以行为示范以帮助幼儿理解。

（八）"全天候"运动指导中存在的困惑

从调查结果来看，教师们觉得在运动过程中要更多地关注安全，缺乏对幼儿科学运动的指导（93.33%）；66.67%的教师难以衡量幼儿是否达到合理的运动量；36.67%的教师认为自己的语言不能被幼儿所理解；26.67%的教师认为运动器械的操作性难度过大。

（九）"全天候"运动智能手环的运用情况

33.33%的教师在运动中使用手环，66.67%的教师在运动中未使用手环。这与研究中手环投放的年龄段有关。目前手环在部分班级投放使用。运动手环信息关注程度得分从高到低依次为心跳、步数、热量、体温、时间。

二、调查结论与思考

我们重点关注"全天候"运动总目标、当前各年龄段制订的观察要点、户外运动区域的选择、指导幼儿运动的方法等内容。可见，多年的运动活动已经让幼儿形成了良好的运动习惯，让幼儿变得更勇敢、更自信。基于以上调查结果，可以初步得出以下结论。

首先，课程目标与课程内容匹配度有待提高。当前"全天候"运动课程总目标关注幼儿的运动身体素养，但是教师对身体素养的内涵缺乏深入了解。并且，课程内容中较多关注幼儿的运动能力，忽视了幼儿的运动兴趣、运动习惯与品质等。

其次，课程评价关注结果忽视过程。借助信息化手段如手环对心跳、步数、时间等信息进行统计、分析，能较为全面地评价幼儿的运动能力。但是在调研中发现，青年教师往往以数据作为评价幼儿运动能力的唯一标准，缺乏精准性；对个别幼儿的持续性观察几乎没有，缺乏说服力。

最后，信息技术与运动课程的融合度需要进一步提高。幼儿园通过E运动活动室及运动手环的运用，让评价更为科学。但在实际运用的过程中，仅做到了对部分班级投放手环。从使用效果来看，100%的教师认为数据对科学评价具有积极意义。因此，我们还要考虑如何让手环全面铺开使用，以进一步深入解读数据，让数据成为科学评价的有效依据。

我们需要做的有：

一是课程目标要体现科学性与匹配度。当前制订的"全天候"运动课程目标还需要进一步完善优化，使"全天候"运动目标更科学、更符合幼儿身心发展需求。同时，要加强对教师的培训，提升教师对幼儿园"全天候"运动课程目标的解读能力。

二是课程内容要更加多元与丰富。教师在区域设置、材料投放、环境创设方面还需要进一步思考：哪些是适合幼儿的？哪些是幼儿喜欢的？有的为何不受欢迎？是场地的限制还是材料投放的因素？我们需要相应的解决策略。针对"全天候"运动课程，我们在内容的选择上可围绕"三全"育人的核心概念，进行深入思考与规划。

三是课程评价要结合信息技术，体现个体差异性。在过去的研究中，关注结果、忽视过程的现象比较多。追求量化的指标一定程度上扼杀了课程助推幼儿发展的成效，无法真正体现信息化技术对课程的支持。同时我们发现，教师们对幼儿动作评价视角狭隘，较多以动作发展水平来评价幼儿的运动能力，但动作发展只反映了幼儿的身体素质，无法体现幼儿的运动习惯、运动品质等。这样不仅忽视了"完整"的儿童发展的目标和理念，同时让运动数据走进评价的"死胡同"。

四是要深入运用信息化手段。我们将以信息技术为载体深入开展"全天候"运动课程的研究，并结合幼儿的年龄特点以及"全天候"运动课程的特质，探索以信息化为载体的更灵活、更多样的"全天候"运动课程，使我园的运动课程实施更有效。

第二节 幼儿"全天候"运动能力发展现状

我们利用传感器与传统运动项目相结合的创新形式对幼儿运动数据进行采集，并结合云平台建立了 2020 年、2021 年幼儿运动能力大数据库，还形成了幼儿运动能力数据报告。从 2022 年开始，我园数据库从大班幼儿扩展到全体幼儿，数据对象范围的调整为"全天候"运动的组织与实施提供更加科学的依据。

一、调查对象

以 2022 届幼儿为例，我们初期抽取朱桥幼儿园小、中、大班的幼儿为调查对象，总计 432 名。

表 4-2　朱桥幼儿园幼儿被试分布情况

	小班人数 / 人	中班人数 / 人	大班人数 / 人
男	60	56	75
女	68	57	116
总计	128	113	191

二、调查内容

采用第三方公司自主开发的数据化运动设备，用以收集 2022 届朱桥幼儿园幼儿运动的数据。设备将传统运动项目与红外线、传感设备、激光雷达等现代科技相结合。运动过程的数据由设备自动收集与上传。

表 4-3　朱桥幼儿园大班儿童 E 运动活动项目及指标

运动项目	运动指标	运动现场
吊环	悬垂时长 左手拉力 右手拉力	

（续表）

运动项目	运动指标	运动现场
蹦床	总个数	
十米折返跑	总用时 前半段 转身时长 后半段	
趴地推球	总个数	
打地鼠	平均反应时 击打成功率	

三、数据整理

数据收集过程在我园 E 运动活动室进行。幼儿佩戴运动手环并刷卡后进行各类运动项目。运动数据会在后台与刷卡人保持一一对应。幼儿按照十米折返跑—吊环—打地鼠—趴地推球—蹦床的顺序运动，以保证上肢与下肢运动交替进行。项目难度由易到难，以减少幼儿疲惫对数据带来的干扰。幼儿在运动时全程由教师看护。每个项目配 1 名教师进行项目指导。幼儿的运动数据由后台自动记录。教师对幼儿的运动数据进行汇总，并形成《朱桥幼儿园 2022 届幼儿运动能力分析报告》。以下将主要结合吊环、十米折返跑两个项目分析 2022 届幼儿的运动能力。

四、结果分析

表 4-4　朱桥幼儿园 2022 届男生、女生运动项目汇总表（前测）

年龄段		吊环	十米折返跑	蹦床	打地鼠	趴地推球
		坚持时长（秒）	总用时（秒）	力量与平衡（个）	灵敏性（秒）	力量与耐力（个）
中班	男生	11.07	7.2	28	1.67	18
	女生	11.87	7.9	32	1.53	21
大班	男生	14.56	6.8	45	1.39	20
	女生	14.96	7.1	48	1.57	23

参考《3～6 岁儿童学习与发展指南》《国民体质检测（幼儿部分）》后，我们发现了以下问题。

（一）吊环项目

在吊环项目中，中班女生的平均值比男生高 0.8 秒，其中女生最佳成绩是 17 秒，最低成绩是 9 秒，男生最佳成绩是 16 秒，最低成绩是 8 秒，两者差距较小；大班女生的平均值比男生高 0.4 秒，其中女生最佳成绩是 31 秒，男生最佳成绩是 32 秒，最低成绩都是 8 秒。说明中班和大班的女生、男生在悬垂时长上差别不显著。无论是中班和大班的男生还是女生，右手拉力都高于左手拉力，"右利"现象明显。这与《3～6 岁儿童学习与发展指南》提到的"4～5 岁幼儿悬垂时间 15 秒"和"5～6 岁幼儿悬垂时间 20 秒"的要求相比，中班和大班幼儿需要进一步加强上肢力量的针对性户外活动。建议教师可以指导幼儿使用左手进行运动，以提高并均衡上肢力量。

（二）十米折返跑项目

在十米折返跑项目的总用时上，中班男生平均数稍优于女生，男生平均成绩为 7.2 秒，女生平均成绩为 7.9 秒。参照《国民体质检测（幼儿部分）》后发现，男生和女生平均成绩均处于评分等级 4，其中男生最佳成绩 5.9 秒处于评分等级 5 分，女生最佳成绩 7.2 秒介于等级 4 和 5 之间，而女生和男生最低成绩都处于等级 3。从离散程度看，女生在折返跑项目上平均成绩相对集中，虽然中班男生速度比女生大，但是男生差异大。

大班男生十米折返跑速度稍大于女生，男生为 6.9 秒，女生为 7.1 秒。参照《国民体质测

表 4-5 幼儿十米折返跑评分表

年龄	性别	分值与时间（秒）				
		1分	2分	3分	4分	5分
4岁	男	12.4～10.2	10.1～8.6	8.5～7.7	7.6～6.9	<6.9
	女	13.2～10.9	10.8～9.1	9.0～8.1	8.0～7.2	<7.2
5岁	男	10.3～9.0	8.9～7.7	7.6～7.0	6.9～6.4	<6.4
	女	11.2～9.7	9.6～8.1	8.0～7.3	7.2～6.7	<6.7

定标准手册》（幼儿部分）后发现，大班男生、女生都处于评分等级 4，速度差异性较小。

从前半段、转身时长、后半段的用时可以看出儿童跑步不同阶段的体能情况。中班男生在前半段、后半段上速度较大，而大班男生在前半段和转身时长指标上都快于女生，说明男生的爆发力、速度、跑步步幅、摆臂动作等都优于女生，可以推测幼儿在起跑阶段的反应及跑步速度较小，建议后续可以偏重训练幼儿的反应速度。

为了更全面地了解幼儿的运动能力，我们面向教师和家长群体开展了针对性访谈，以详细了解 2022 届幼儿的居家和生活运动情况，并分析解读了造成男女生运动能力差异的主要因素。

因素一：参考《3～6 岁儿童学习与发展指南》中"5～6 岁男孩体重：15.9～27.1 千克，5～6 岁女孩体重：15.3～27.8 千克"，2022 届大班男孩、女孩均处于体重指标范围内，男孩体重高于女孩。

因素二：2021 年 2～6 月幼儿运动量不足，男生擅长的十米折返跑、打地鼠等体现速度和敏捷能力的项目无法得到充分地开展，而女生在此期间参与运动的积极性和兴趣明显高于男生，全年级有将近 30% 的女生参与舞蹈、武术等与运动相关的兴趣活动。他们在假期也不间断地进行练习，提升了身体的柔韧性、敏捷度、力量等。

因素三：根据现场负责收集数据的教师反馈，在遵守并执行规定方面，女生优于男生。女生按照活动前教师告知的运动顺序要求有序地开展运动，而男生在选择运动项目顺序上没有兼顾上下肢轮流替换，从而产生运动疲劳并导致成绩较低。

因素四：2022 届幼儿的运动经验不足。比如教师在访谈中发现大部分幼儿在跑步时步幅较小、反应速度和转身速度较小，造成了幼儿跑步用时较长。教师认为，在以往的集体教学活动中，缺少对幼儿跑步姿势方面的指导。这也是造成这届幼儿缺乏跑步经验且跑得比较慢的原因。

第三节 "全天候"运动能力现状调查反思

一、问题思考

（一）关注幼儿运动发展的整体性

动作发展包括大肌肉群动作和小肌肉群动作。教师较多关注幼儿在某个运动项目上的数据

结果，缺乏对幼儿动作的整体性思考。比如在跑步项目上，教师发现 2022 届幼儿数据与《国民体质检测（幼儿部分）》中数据相比都未达标。这说明幼儿下肢力量比较薄弱。造成幼儿"跑"得慢的原因可能源于以下几个方面：

1. 幼儿平衡能力、控制方向的能力较弱，有的幼儿走路、跑步路线并非直线，有的会摔倒或者跑到了跑道外面。

2. 幼儿注意力、反应力较弱，跑步时容易受到周围环境的影响，导致起跑、转身时慢了。

3. 幼儿缺乏跑步经验，跑步时部分幼儿的步幅较小、手臂没有前后摆动、转身后的冲刺慢等。

可见，教师需要整体分析幼儿某个运动项目成绩低的原因，并从动作发展、身心发展等方面进行解读。

（二）尊重幼儿运动能力的个体差异

幼儿的动作发展是一个持续、渐进的过程。幼儿各自的发展速度和达到某一个水平的时间不完全相同。教师要充分理解和尊重幼儿发展进程中的个体差异，支持和引导他们向更高水平发展。教师在分析 2022 届男生、女生数据时更要看到班级中个体幼儿的发展，关注班级中弱势幼儿的动作发展，从家庭、教师、幼儿等方面进行分析。

（三）理解幼儿运动的方式和特点

幼儿的学习是以直接经验为基础，在游戏和日常生活中进行的。对幼儿来说，运动也是学习。"玩中学"是幼儿动作发展的最好学习方式，是幼儿最有意义的学习。E 运动活动室是一个"好玩的地方"，在这里他们能够不断提升自己的身体素质。

（四）注重幼儿运动品质的发展

运动品质包括：在运动中积极主动地参与活动，关注活动时间与内容；了解活动情节和游戏规则，乐意接受规则约束；等等。教师的眼中不能只有"数据"而忽视了对幼儿运动品质的培养。教师要转变唯数据论的想法，将数据与观察相结合，更加全面地解读幼儿。

二、改进建议

（一）优化课程设置，满足幼儿全面发展的需求

要优化"全天候"运动课程的活动内容，以"三全"的理念打造运动课程，以系统性、整体性的思路设计课程内容，科学地分析幼儿运动能力薄弱的原因。比如，在户外运动课程内容设计上要打破以幼儿基本动作分区的做法，调整为更加综合、多样的运动设计，让幼儿在一个运动区域中有更加丰富的运动体验，以满足幼儿全面发展的需求。

（二）开展个案跟踪，提升对幼儿评价的科学性

通过分析可以看到，不同班级在不同运动项目上存在着优势和不足，存在着幼儿运动习惯与品质的差异等。教师应当根据实际情况设计运动方案，并体现班本化的特点。同时关注班级中个别幼儿的超重、肥胖、体弱等特殊状况，对其进行持续性观察与分析，为开展科学评价积累更丰富的数据与案例，更好地体现经验与观察的作用，发挥实证研究的力量。

（三）实施家、园联动，提高幼儿的运动认知与情感体验

"全天候"运动的实施形式，延伸至家园与社区，争取到了家长的支持与配合。园内基于幼儿的兴趣与需要设计类型多样、内容丰富的集体运动活动、户外运动活动等，能提升幼儿的运动兴趣、能力及运动品质；园外通过信息技术增进家庭与幼儿园联动，引导家庭配合幼儿园开展形式多样、内容丰富的亲子运动，能培养幼儿良好的运动兴趣与习惯，使其获得更加丰富的运动认知与体验。

CHAPTER 05

第五章 "全天候"运动的实施策略

"全天候"运动项目旨在从幼儿体质测试结果出发，借助大数据的采集与分析，对幼儿体质进行动态监测。基于监测结果，及时调整课程内容。通过大数据，教师能从更全面、客观的角度分析幼儿的个体成长特点，并实施及时干预、适时调整幼儿的行为。这种方法为幼儿提供合理的材料支持，针对幼儿出现的问题采取精准策略，制订改进方案。其目的是优化和提升幼儿的运动能力，促进幼儿的健康发展和成长。

第一节 动态调整策略

所谓动态调整策略，是指教师根据幼儿运动能力发展的实际水平，通过对环境、材料的增加、减少或组合等进行动态调整的策略。这种调整旨在满足幼儿动作发展、运动习惯和品质形成的需要，从而促进幼儿的可持续发展。

一、情境创设法：源于数据的运动区域调整

在运动区域类型多样的特点基础上，对户外区域运动进行功能板块划分，考虑各种锻炼动作的练习与身体素质的全面发展，预设基本的运动情境，以吸引幼儿积极参与，激发运动热情，保证合理的运动负荷。

我园在进行户外运动情境创设时，会结合幼儿运动能力分析报告中不同年级幼儿的优势与弱势，划分运动区域。过去我园总是按照"运动类型"划分户外运动区域，如跑跳区、攀爬区、平衡区等，导致幼儿在区域中进行单一动作活动的时间过长，其他能力得不到锻炼。因此，自2020年起，我园开始以"数据"为依据调整户外区域环境，运用运动数据的纵向、横向比较，并结合幼儿运动手环，判断户外区域设置的科学性和合理性，设计个性化户外运动活动方案。

以2022届大班幼儿为例，他们在E运动活动室的吊环、十米折返跑、趴地推球项目成绩明显低于2020届、2021届。同时，通过运动手环，教师可以获悉幼儿在小区域中的心率及步数数据。基于此，幼儿园开始思考如何通过调整户外区域运动来提升幼儿运动量，并进行相应

的规划和调整。

在南操场的草坪上增设高低起伏的小山坡,扩大运动范围,移栽大型树木,增加自然气息的木质运动器械、滑索道、小木桩、轮胎山、荡秋千等。在草地中嵌入大小、宽窄不一的石头或轮胎,形成趣味性弯曲的"田埂小路"。幼儿可以从较宽处开始再到窄的田埂练习,从负重走田埂到花样走田埂,难度逐渐递增。能力较弱的幼儿练习单纯地走田埂,能力较强的则可以跑田埂、挑物过田埂等。这样的设置既能达成锻炼目标,又能充分满足幼儿的需要,让他们在成功中获得快乐。

表5-1 朱桥幼儿园户外运动场景设计

场　　地	运动情境	身体素质
环形木道	小小搬运工、赛车手	力量、平衡、速度
跑道	快乐跑道:跨栏高手、接力跑	速度、力量、平衡
草地＋树林	小兵对战、迷宫、森林冒险	力量、协调
平坦大操场	球球总动员:足球、篮球、曲棍球	协调、灵活
时光隧道	猫捉老鼠、消防员	敏捷、力量

在功能板块划分的基础上,每个板块都基于地形和条件,朝着好玩、富有挑战的方向创设具体的情境。例如,室内外大型器械、固定区域等通过贴、挂、搭等方式创设具体情境,吸引幼儿愿意参与。以室外大型玩具上的小房子为例:一时它变成动物的家,进行躲猫猫游戏;另一时又变成仓库,进行囤粮大赛;有时贴上火苗变成着火的房子,进行消防员灭火游戏。在室外环形道路上,贴上小动物或城市图片,幼儿即可开始送货游戏。在山坡上挂上怪兽、害虫图片,进行打怪兽、消灭害虫的游戏。随着幼儿兴趣的变化,教师应根据幼儿的兴趣和能力不断升级、优化情境,以提高幼儿运动的兴趣,保证幼儿的运动量和运动负荷。

以2022届大(5)班为例,教师通过观察日常班级幼儿户外运动活动发现,班级中幼儿运动量差异较大,尤其是体弱儿的运动步数、运动心率始终低于班级平均值。因此,教师应在

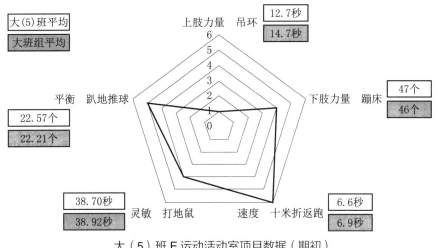

大(5)班E运动活动室项目数据(期初)

户外运动中加强有效指导和介入，提高这些孩子的运动量。其次，班级幼儿上下肢运动能力不平衡现象较为严重。以学期初大（5）班运动项目在年级组的排名为例：十米折返跑排名第一，吊环项目排名第六。这表明班级幼儿在速度、爆发力方面具有优势，但在上肢力量方面需要加强锻炼。

吊环是大（5）班运动的弱势项目。从数据来看，年级组幼儿的吊环平均坚持时间为12.7秒，而大（5）班的成绩比年级平均成绩低2秒。这一结果表明，大（5）班幼儿的上肢力量相对较弱。因此，建议大（5）班的幼儿多参与能够提升上肢力量的活动。

表5-2　大（5）班幼儿吊环项目数据汇总表　　　　（期初，单位：秒）

班级	性别	指标	人数	平均数	中位数	标准差	最佳成绩	最低成绩
大（5）班	女	悬垂时长	12	14	15	4	20	8
		左手拉力		23	23	9	36	12
		右手拉力		29	29	10	47	12
	男	悬垂时长	18	12	12	3	18	8
		左手拉力		25	21	10	43	13
		右手拉力		30	26	11	48	14
	总计	悬垂时长	30	13	12	3	20	8
		左手拉力		24	22	9	43	12
		右手拉力		29	27	10	48	12
年级组	女	悬垂时长	75	24	23	7	50	11
		左手拉力		29	28	12	63	10
		右手拉力		37	33	15	86	11
	男	悬垂时长	116	25	23	8	60	13
		左手拉力		26	25	12	59	3
		右手拉力		35	36	14	72	10
	总计	悬垂时长	191	15	23	7	60	11
		左手拉力		27	27	12	63	3
		右手拉力		34	35	14	86	10

由表5-2数据分析可知，大（5）班的女生悬垂时长平均为14秒，男生悬垂时长平均为12秒，这两项成绩均低于年级组的平均水平。此外，男女生左右手的拉力也都低于年级组均值，且与年级组最佳成绩存在较大差异。这一现象表明，班级中的男女生均存在身体双侧不平衡的现象，即右手拉力普遍大于左手拉力。因此，可以得出结论，该班级男女生的上肢力量，特别是左手力量普遍较弱。

表5-3 大（5）班个性化户外运动方案

序号	运动区域	共性材料	个性材料	运动核心经验
1	勇敢者道路	大龙球、平衡木、梅花桩、滑索、海洋球	• 增加轮胎，鼓励幼儿开展"轮胎上山"游戏（将轮胎滚到山坡上），以提升上肢力量 • 增加沙包，幼儿持物走梅花桩，以提升身体平衡和核心能力	• 上肢力量 • 平衡能力
2	球球总动员	篮球、足球、曲棍球、球衣、记分牌	• 扩大曲棍球、篮球的运动区域，并增加人数，以提升幼儿上肢力量 • 开展游戏比赛，增加趣味性，以提升上肢力量及敏捷性	• 上肢力量 • 下肢力量 • 灵敏
3	翻山越岭	平衡木、竹竿、爬网、晃绳、风火轮、轮胎山、滚筒、木板	• 两人合作玩风火轮，一人站一人推，以提升上肢力量 • 竹竿一物多玩（爬竹竿、撑竹竿），以提升上肢力量及耐力 • 鼓励幼儿用滚筒、轮胎、木板搭建高低起伏的路，以提升上肢力量及手部抓握能力	• 上肢力量 • 耐力 • 平衡能力
4	快乐跑道	大滚筒、接力棒、三脚架、垫子	• 翻越不同高度的三脚架	• 上肢力量 • 耐力
5	密室逃脱	轮胎、沙包、爬网	• 用沙包、大垫子玩"炸碉堡"的游戏，增加上肢投掷的力量游戏	• 上肢力量 • 协调性
6	时光隧道	翻转杯、尾巴、毛球、垫子、大型跑道、拳击沙袋	• 鼓励幼儿大胆尝试溜竿，开展"我是溜竿王"比赛，以提升幼儿胆量及双手抓握力	• 上肢力量 • 下肢力量

针对大（5）班上肢力量薄弱的共性问题，教师设计了以户外运动为主的个性化班级运动方案。该方案中，户外六个运动区域各有不同的布置和材料配置。在"共性材料"一栏中，列出的是年级组共同使用的材料，作为各区域的基础配置；而"个性材料"一栏则针对各班级的特定需求，列出了班级特有的材料。这些针对性的材料、环境和游戏玩法的调整旨在改善幼儿的上肢力量。

与以往更加普遍的运动方案相比，基于数据分析的个性化运动方案能够更有效、更有针对性地解决班级幼儿的运动的薄弱环节。教师利用E运动活动室的运动数据对课程进行调整，重点分析了班级幼儿的最弱项目。例如，针对大（5）班吊环项目的弱势，教师在户外方案中调整了投掷、推、拉、抬等负重物的质量、大小和材质，并扩大了轮胎、滚筒等低结构材料的使用场景。这样的调整使得幼儿可以在平地、草地、起伏路面等多种环境中进行运动，从而激发幼儿的运动兴趣和挑战欲望。

二、材料激趣法：促进幼儿运动量提高

此方法指教师通过各种材料吸引幼儿积极参与运动，从兴趣出发，引导幼儿与同伴一起积

极运动，最终促进幼儿体验运动的快乐。

案例："快乐"回来了

在"快乐跑道"区域，教师为幼儿提供了高低不同的两座"山"、栏杆、跑道、滚筒等运动材料。然而，连续几天下来，孩子们的运动兴趣始终较低。他们虽然在跑道上进行了接力跑、翻越山坡等活动，但教师从与幼儿佩戴的运动手环相连的手机端发现，班级幼儿的心率峰值只有120次/分钟，未达到中高强度运动的水平。

活动结束后，教师与幼儿进行了一次对话。在倾听了幼儿对本次运动内容的看法后，教师发现了以下问题：一方面，固定的材料和运动模式限制了幼儿的"运动智慧"，压抑了他们在运动过程中的创造力，无法满足他们在运动中追求的快乐感受。另一方面，简单的运动内容不符合大班幼儿敢于尝试、敢于挑战的年龄特征，导致他们在运动中得不到充分的乐趣，缺少挑战更高难度运动时的满足感和成就感。

随后，教师发起了一场名为"快乐跑道大讨论"的活动。孩子们对"快乐跑道"上的"滚动"产生了浓厚兴趣。原来，由于场地限制，跑道上只放置了一个滚筒作为爬山路线的障碍物。然而，在孩子们看来，这个"圆圆滚滚"的庞然大物显然是一个新鲜的玩具。

表5-4 "快乐跑道大讨论"玩法收集表

玩　　法	理　　由
玩法一：和朋友一起比一比谁推轮胎比较快	1. 和朋友一起比赛更刺激、更好玩 2. 可以向先学会的朋友学习，我们也可以慢慢学会
玩法二：踩在滚筒上面走	1. 站在上面滚着走有些害怕，但是非常有趣 2. 可以锻炼平衡本领，就像杂技演员一样帅气 3. 站得高看的风景也不一样，特别美
玩法三：延伸"翻山越岭"的距离，增加竹筐和椅子，在翻越三角垫后可以继续跳过竹筐或者踩在竹筐上面走	1. 材料可以组合，这样更好玩 2. 滚筒玩累了还可以玩其他材料

在了解幼儿所需的运动材料后，教师在下一次"快乐跑道"活动前，将运动材料摆放于场地旁。他们鼓励幼儿自由选择材料，自主创设运动内容。在运动过程中，教师根据幼儿的想法，与幼儿一同调整并组合出新的运动内容。

三、活动转换法：基于数据的课程组织形式灵活多样

此方法指教师具备较好的课程意识，围绕课程目标通过整合各类资源，合理转换与落实一日活动中的不同活动组织方式，以实现教学计划目标。

形式一： 高低结构转换

教师基于班级幼儿的运动数据，设计了高结构的集体运动活动和低结构的户外区域运动这两种不同的运动形式，以达成不同的目标定位。集体教学活动是基于班级幼儿的运动能力报告及教师日常观察而设计的，目标包括幼儿运动能力的发展、动作技能的提高、个性品质的培养等。而户外区域运动则让幼儿在教师创设的环境中自主选择材料，旨在在满足班级幼儿共性需求的基础上，提升弱势运动能力。这两类活动相互补充：户外区域运动弥补了集体运动在个性

化方面的不足，满足了不同能力幼儿的发展需求；集体活动则有效促进幼儿运动核心经验的习得。信息技术不仅能为教师设计个性化方案提供支持，以满足每位幼儿的需求，还能提升教师设计与组织集体运动活动的能力。

以我园运动社团开展的集体运动活动研究为例，以大班"开心冲浪"活动为例，教师在户外运动中发现幼儿缺乏团结协作、灵敏性。因此，设计了"海浪来了—踏浪—躲避海浪—冲浪达人"的运动情境，让幼儿通过跳、跑、跨等动作躲避海浪，并在双人冲浪和多人冲浪中体会与同伴合作的重要性。在活动中，教师发现幼儿在热身环节的心率较高，最高心率154次/分钟，最低心率95次/分钟，显示出教师组织的"跨跳"热身活动的有效性。

从"各阶段平均心率"的数据中可以发现，幼儿在第二个环节的心率明显降低，平均心率下降至116次/分钟。这一变化与教师的组织方式密切相关。教师注意到，在热身之后，幼儿的心率迅速升高，且部分幼儿出现了面色潮红、出汗多、呼吸加快等现象。因此，教师及时调整了活动的频率和难度。在"躲避海浪"的游戏中，教师通过增加等待时间、分组通过以及改变动作强度等方式，帮助幼儿将运动量从高峰逐渐调整至平稳状态。

形式二：家园"云上"互动

幼儿在园内通过参与户外区域运动、集体运动活动以及运动游戏，提高运动兴趣和运动能力，并养成良好的运动习惯和品质；在园外则通过参与亲子运动，促进亲子间的情感交流，推动孩子的健康成长。园内外两种不同的活动方式体现了"全天候"运动理念，让教师、家长能够观察到幼儿在不同场景下的运动表现，为更科学、全面地解读幼儿提供了条件。我园对班级中的肥胖儿、体弱儿和特殊幼儿（如具有攻击性、动作迟缓性等）进行运动个案跟踪，结合大数据分析，更客观、全面地评价幼儿，并为他们量身定制运动方案，体现个性化指导。

利用"孩子通"App软件，家长可以随时了解幼儿一日活动的情况，使幼儿在集体生活中的片段可视化。通过照片、视频、文字等方式展现孩子过程性的运动发展轨迹。家长和教师能够及时关注、评价幼儿的运动，更清晰地了解孩子不同年龄段的运动特点。同时，家长通过App与教师互动，比如观看感言、上传孩子在家中的运动照片等方式，形成家园联动的合作模式。

形式三：园际牵手互助

为了加强区内园际交流和互动，实现优势互补、彼此激励、共同提高，我园通过"野孩子"运动共享乐园项目，开展园际牵手活动。一方面，使我园的优质运动资源在区域内得到共享；同时，让我园幼儿在"学做小主人"的活动中，通过"运动导游图""我是小教练"等形式，进一步获得运动能力、自我意识与评价等多元发展，培养自信、开朗等良好品质。

第二节　精准施教策略

精准施教策略是指教师在信息技术的支持下，通过跟踪、记录和分析幼儿运动过程中的数据以及影响因素，为教学设计、教学决策、教学指导、个性化干预等提供科学依据的一种教

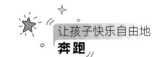
学形式。幼儿天生喜爱运动，激发幼儿运动兴趣是开展幼儿园户外运动的前提条件。在自主运动中，幼儿不仅获得动作发展，还感受到身体能量的释放，体验到运动的快乐。这也彰显了我园的课程理念：每个孩子都有自身发展的需求，课程应满足每个孩子基于自身的生理和心理需求。我们鼓励并支持每个孩子快乐地往前奔跑，满足不同幼儿不同能力发展的需要。我们的教学对幼儿的创造力、想象力、合作交往能力、非智力因素以及个性的发展具有一定的推动作用，使幼儿在户外运动中逐渐成为"聪明的运动者"，在运动中有所收获。

一、同伴互助法：迎接挑战

同伴互助法是指幼儿的运动经验在与同伴的互动、实践和体验中获得双向提升。对幼儿来说，掌握一种新动作、新技能需要多次学习，同伴的互助更能激发他们去尝试和挑战。

案例："我来教你"

青年教师小朱发现，女孩瑶瑶在 E 运动活动室中的两个项目上成绩均低于班级平均水平，尤其是在吊环项目中，悬垂时间只有 9 秒，是班级最低。这与《3～6 岁儿童学习与发展》指出的"5～6 岁幼儿悬垂时间 20 秒"之间存在明显差距。在蹦床项目上，瑶瑶 1 分钟内完成了 35 个跳跃，数量低于班级女生均值。综合两个项目的数据，教师初步判断瑶瑶的上肢力量和下肢力量都较弱，需要加强锻炼。结合瑶瑶平时的运动状态，教师发现她对运动并不是特别感兴趣，经常在运动中"看""等""说"，但她的交往能力强，班级里有许多好朋友。教师计划通过同伴互助的方式，激励瑶瑶积极参与运动，点燃她的运动热情。

在户外"翻山越岭"区域运动中，妍妍挑战着各种动作，时而在最高的竹竿上直立行走，时而在竹竿上"倒挂金钩"。此时，瑶瑶也来到了翻山越岭区，但她始终在起点处犹豫，不敢向前行进。妍妍注意到这一点，便立刻从平衡杆上下来，走到瑶瑶旁边，并鼓励她说："你不要怕，慢慢来。试试先用两只手撑住竹竿，一点一点地往前挪，就像我这样。"说完，妍妍还走到瑶瑶的后面，示范给她看。在妍妍的鼓励下，瑶瑶鼓起勇气，双手撑着竹竿，逐渐开始移动。

"对，就是这样，手要抓牢咯。"瑶瑶走到一半时，妍妍再次叫住她："瑶瑶，看我，还能这样，你也试试看。"在尝试并感受到成功的满足感之后，瑶瑶开始向妍妍这位小老师学习。最终，她们都成功地在竹竿上完成了"倒挂金钩"的动作。

在一个学期的户外运动过程中，教师始终关注着瑶瑶的运动情绪。通过伙伴的耐心指导和瑶瑶自己的不断尝试，她体验到了运动带来的快乐和挑战。结果显示，瑶瑶在吊环和蹦床项目上的成绩都达到了班级平均水平，其运动能力得到了显著提升。

二、数据介入法：数据驱动下的个性化指导

所谓数据介入法，是指教师在 E 运动活动室中基于数据，结合一日活动中对幼儿运动能力的观察，分析幼儿运动能力的优势和弱势，在户外运动中给予个性化指导。教师也可能通过幼儿运动手环发现幼儿运动量不足或超标，并据此进行个性化指导。

案例：有讲究的跑步姿势

在"快乐跑道"运动的过程中，虽然大（4）班大部分幼儿对于奔跑十分热情，但有几名幼儿从不主动参与。在教师的介入下，其中一名幼儿才勉强参与折返跑中。但在跑步时，该幼

儿明显情绪紧张，准备过程中双脚不停地向前挪动。听到发令声后，她在前半段尚能坚持奔跑，但手臂摆动幅度很小，步幅也很小，很快就被其他幼儿拉开了一段较长的距离。到中间段，她明显放慢了脚步，手臂几乎不摆动。我立即和其他孩子一起为她加油鼓劲，幸好她还是坚持跑过了终点。在我班上还有3至4名幼儿存在同样的情况。在观察幼儿奔跑的过程中，我明显地发现了幼儿在跑步姿势上的发展差异，因此我对跑步姿势、涉及人数及平均时长进行了统计。

表5-5　跑步姿势差异记录表

跑步姿势	人数/人	十米折返跑 最佳成绩/秒
跑步动作不稳定，手臂摆动幅度小，下肢略抬起，身体协调性及平衡性不稳定	5	8.1
跑步动作较稳定，肢体摆动有幅度，手臂能在胸前位置来回摆动，脚部蹬伸有力	22	6.7
跑步动作稳定，手臂来回摆动幅度大且有力，下肢蹬伸有力，步频快，步幅大	5	6

针对以上三种情况，我利用平时的户外运动和运动游戏，为幼儿奔跑动作的发展及时提供干预和支持。

针对情况一，我为幼儿提供了具有游戏情景的无障碍跑道，让幼儿通过冲刺跑、十米折返跑、耐力跑等多种形式的跑步来发展向前的位移能力，增强肢体力量：腿部力量通过蹬踏提升，手臂力量通过摆动增强，腰部力量通过提高平衡性和协调性来强化。具有游戏情景的跑道提高了幼儿的跑步积极性。让幼儿能在主动跑步的过程中为自己的进步感到高兴，积累运动的自信。跑步时，上肢能逐渐来回摆动，躯干不再与地面呈垂直状态。在肢体力量发展后，幼儿的步子逐渐迈大，改善了以往出现的小碎步及步频小且不稳定的现象。

针对情况二，我在跑道上增加了栏杆等障碍物，鼓励幼儿大幅迈过障碍物的同时，下肢能更有力地向上抬动，提供向前快速冲刺的动力，同时提醒幼儿增强手臂摆动的幅度和力量。在运动游戏中，我与幼儿一起感受动物行走的情境游戏，如兔子跳、青蛙跳、袋鼠跳等，发展幼儿下肢蹬地力量及腰部的力量性和平衡性。

针对情况三，在幼儿运动过程中，我强调手臂摆动与下肢蹬伸的协调配合。通过连续滑步、抬腿及快速跑的方式，发展幼儿在运动时的爆发力及耐力。我鼓励幼儿迈大步伐，提高步频，更快速地向前跑。

表5-6　大（4）班十米折返跑成绩（前测）　　　　　　单位：毫秒

年　级	性　别	指　标	最佳成绩	最低成绩	平均数	人　数
大（4）班	女	总用时	5565	7911	6738	12
	男	总用时	5498	7890	6694	20
	总计	总用时	5532	7979	6755	32

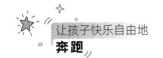

表5-7 大（4）班十米折返跑成绩（后测）　　　　　　单位：毫秒

年　级	性　别	指　标	最佳成绩	最低成绩	平均数	人　数
大（4）班	女	总用时	5536	7126	6331	12
	男	总用时	5215	7032	6124	20
	总计	总用时	5376	7079	6228	32

　　通过将学期末本班幼儿十米折返跑的数据与学期初的数据作比较，我们得出了以下结论：在最佳成绩上，男生的最佳成绩比学期初快了0.28秒，女生的最佳成绩也比学期初快了0.03秒。在最低成绩上，女生比学期初快了0.8秒，男生也同样比学期初快了0.8秒。在平均成绩上，女生进步了0.4秒，男生进步了0.5秒。通过本学期对幼儿跑步时动作姿势的纠正和调整，幼儿的跑步能力得到了相应的提升。

　　基于本次关于调整幼儿跑动姿势、提升幼儿运动能力的案例情况，教师后续将更加关注幼儿在运动过程中动作的发展。正确的运动动作不仅能有效地提升幼儿运动的水平，保障幼儿运动时的安全，还能使幼儿在运动的过程中得到全面、均衡的发展。

三、语言暗示法：基于观察的个性化回应

　　所谓语言暗示法，是指教师通过语言调动和激发幼儿的内在动力，从而使他们积极地、主动地、创造性地参与运动。对于能力较强的幼儿，教师需要关注和尊重幼儿的立场，并对幼儿产生的有价值的内容给予积极回应。在指导过程中，观察、后退、等待也可以作为支持策略。教师可以通过后退和等待的方式接受幼儿的新玩法，促进幼儿发展创造性思维，并为幼儿提供更多的互动空间。

　　对于中等能力的幼儿来说，教师在运动活动中的肢体语言可以起到暗示、引导、示范等作用。当幼儿注意力分散时，教师的肢体语言能够集中幼儿的注意力，激发他们的活动兴趣。教师的动作暗示包括点头、微笑、竖起大拇指等，这些都是鼓励和支持幼儿的行为，帮助他们获得新的运动经验。

　　对于能力较弱的幼儿，在个性化运动活动或集体运动活动中，当他们练习新动作时，教师应使用清晰、生动、富有童趣的语言进行讲解和示范。

　　通过教师调查问卷发现，在运动指导中96.67%的教师使用语言提示法，50%使用行为暗示法，26.67%使用小组分享法，6.67%使用其他方法。"全天候"运动理念关注每一位幼儿的运动水平。教师在进行运动指导时可以根据不同幼儿的能力水平给个性化的语言提示。

第三节　自我发展策略

　　自我发展策略源自埃里克森儿童自我发展理论。对于3至6岁的幼儿而言，在户外运动中，他们的自我控制能力逐渐增强，对运动规则的遵守开始从"他律"转向"自律"。随着运动能力和社会交往能力的提升，他们开始尝试自己制订并调整运动计划、规则，并进行自我

反思。

一、评价激励法：五彩运动星

评价激励法是指基于幼儿对红、黄、蓝、绿、紫五种颜色的解读，并赋予这些颜色特定的内涵和意义。幼儿在运动中进行自评和他评，促进其运动兴趣、运动品质和运动能力的提升。在与幼儿共同讨论下，我们将红色定为"运动勇敢星"；黄色为"运动活力星"，根据心率判断运动状态而获得；绿色为"运动健康星"，需要达到步数和卡路里要求；蓝色为"运动智慧星"，在运动中体现思考时获得；紫色为"运动合作星"，在有合作情况下获得。

教师以儿童讨论会的形式组织幼儿探讨"怎样进行运动评价"。每个班级针对五星评价的方式、时机、评价者等都提出了个性化的设计，真正体现了儿童视角下的班本化特色。

二、分享讨论法：拓展经验

分享讨论法是指教师在运动结束后，通过视频、照片、绘画、语言等不同形式，组织部分或全体幼儿进行的运动分享。其目的在于提升幼儿的动作发展、学习品质、自我调节等能力和经验。通过动作再现、生生互动等方式，让幼儿在玩耍中有所收获。我园根据幼儿的年龄特点，设计了不同形式的运动分享形式和内容。

表 5-8　朱桥幼儿园分享讨论设计表

年龄段	分享形式	分享内容	分享地点
小班	运动看看：照片、视频	动作发展、自我保护、运动情绪（喜欢戴手环，对手环感兴趣）	教室
中班	运动分享：语言、动作	动作发展、自我调节（情绪和活动内容）、主动学习（知道手环图标的意义）、社会交往	教室或户外
大班	运动故事：绘画、语言	动作发展、团队意识、计划性、坚持性、自我调节（数据、运动量、强度）、运动评价	户外或教室

案例：手环的秘密

运动结束后，足球队的孩子们围绕着老师，开始了运动分享环节。

男孩辰辰说："我今天是黄队的队员。我们队共有 7 个人，我负责进攻，晓萱负责守门。我感觉踢足球很开心。"

女孩晓萱开心地补充道："今天我是守门员，我们进了 5 个球，他们进了 3 个球，我们赢了。"

蓝队的队长小杰表示，因为他们队有队员一直在喝水、擦汗，所以输了球。但队员们认为，由于运动后口渴且出汗较多，所以需要休息。队员叮咚说："我发现喝水时心跳是每分钟 135 次，超过 100 了。我感觉很热，背上流了很多汗。周老师也提醒我要去垫毛巾。"

孩子们纷纷低头查看运动手环。小杰说："我的心跳现在是 105 次 / 分，步数是 4541。我现在坐着，所以心跳比叮咚慢，但是我一跳起来数字就变了。"他一边说一边做起双脚向上跳的动作。

老师点评道："看来你们今天都发现了很多关于手环数字的秘密。心率、步数、卡路里都

会随着我们的动作和行为发生变化。心率高时出汗也可能会更多。下次你们在运动休息时，可以多关注一下自己的运动手环，说不定还会有更多的秘密被你们发现。"

三、运动故事法：多元表征促发展

运动故事法是指教师通过倾听并记录幼儿的运动故事，了解幼儿的运动心情、运动规则、同伴关系、运动能力等各方面内容。在解读和倾听幼儿的过程中，教师逐渐建立起一个完整的儿童观。通过这种方法，教师能够更深入地了解幼儿在运动中的体验和感受，从而更有效地指导和支持幼儿的运动发展。

案例：攀爬小高手

表5-9　2022年9月颢颢运动数据汇总表

幼儿姓名：颢颢（轻度肥胖）　　性别：男　　出生日期：2017年4月
体重：28.75千克（大班男生体重均值21.66千克）
身高：118.4厘米（大班男生身高均值117.75厘米）

一级运动指标	二级运动指标	运动项目	期初成绩	大班男生均值
平衡	/	趴地推球（个）	21	23
速度与敏捷	/	十米折返跑（秒）	7.4	6.8
	/	打地鼠（秒）	48	38
力量与耐力	上肢力量	吊环（秒）	8	24
	下肢力量	蹦床（个）	37	45
备注	1. 趴地推球、吊环、蹦床数值越大越好，打地鼠、十米折返跑数值越小越好。 2. 参考值来自幼儿园运动测试均值，"/"表示没有该二级运动指标			

从颢颢的健康检查结果来看，他的身高具有优势，但体重比年级组男孩的均值高出7.09千克。与《3～6岁儿童学习与发展指南》中"5～6岁男孩体重参考标准27.1千克"相比，颢颢的体重超出了1.65千克，属于轻度肥胖。根据E运动活动室中的运动成绩显示，颢颢在5个项目中的成绩均低于大班男生的均值，尤其是吊环项目的差距最大，这反映出由于体重原因，颢颢的上肢力量较弱，坚持性也较差。

通过与家长的沟通，我们发现颢颢在假期中的饮食和作息比较混乱，大部分时间在家中看电视、画画、搭积木，进行的大运动量活动很少。因此，教师对颢颢进行了为期一个月的连续观察并记录了他的行为。下面是其中一则。

今天，颢颢佩戴了运动手环，其显示的心率为84次/分钟。颢颢在排队等待过竹竿路时，看到贝贝用倒挂金钩的方式爬过竹竿，便尝试模仿这一动作。他用双脚勾住竹竿，并用双手握紧，身体慢慢向前移动。当颢颢爬到竹竿的一半时，他显得有些吃力，身体开始向下掉落。

这时，老师鼓励他："你已经爬过一半的竹竿了，马上就要到终点了，肚子用力，头抬起来，加油！"小伙伴们也为颢颢加油助威。在大家的鼓励下，颢颢憋住一口气，脸色涨红，最终顺利地爬过了竹竿，他的脸上露出了开心的笑容。

颢颢心情愉悦地走过平衡木和梅花桩后，来到了轮胎路，他手脚并用地在高低起伏的轮胎

58

路上爬行。在整个过程中，他始终注意观察前面小伙伴的速度，脸上红红的，额头微微出汗。通过轮胎路后，他又开始挑战荡绳。一开始，他因为双手没抓握牢而很快从荡绳上掉下来，但他并没有放弃。这一次，他先抓住荡绳上的方向盘，慢慢调整身体状态，努力让晃动的身体保持平衡，然后慢慢向前移动，调整在荡绳上的抓握工具，直到最后。这时，颢颢的心率达到130次/分钟，脸色已经非常红，额头和后背出汗较多，呼吸也开始加快。最后，他笑着告诉老师："明天我还要玩倒挂金钩和荡绳，太刺激了！"

通过对颢颢的持续观察和分析，教师更加深刻地体会到过程性评价的重要性。在对照指标的观察和分析过程中，教师不能仅凭一次观察记录就轻易地对幼儿的动作发展作出判断。相反，教师应该进行持续的、多方面的观察，以了解幼儿的真实发展水平，并捕捉幼儿在发展过程中面临的真正困难和挑战。

CHAPTER 06

第六章 "全天候"运动的开发探索

　　我园始终积极探索"全天候"运动理念下的园本化特色活动。在这一路行进的过程中，关于运动课程研发申报的相关课题不断涌现，这不仅助推了幼儿的快乐成长，还丰富和完善了园本运动特色建设。通过充分挖掘本土资源和运动环境优势，我们与"野孩子乐园"结缘并牵手，辐射资源，同时让幼儿学会在交流共享中成长。在大数据时代下，我们借助 E 运动活动室采集和整合幼儿运动数据，从而能够客观有效地评估幼儿发展，并有针对性地实施运动策略。同时，我们让家长更多地参与，赋予他们更多关于幼儿健康的话语权，实现家园联动，共同育人。

第一节　手拉手合作下的"野孩子乐园"

　　秉承"快乐奔跑的孩子，自然和谐的教育"这一办园理念，我们依托课题研究，充分挖掘本土资源，结合嘉定区学前教育的大视野课程理念与内涵，并聚焦于幼儿运动能力的科学发展，开展了一系列具有特色的运动实践活动和探索。

一、探索缘起

　　自 2003 年起，我们的幼儿园陆续开展了多个课题，如"乡土游戏的开发与运用的实践研究""乡土游戏在运动活动中的渗透与运用""幼儿园'全天候'运动课程的实践研究""基于大数据的幼儿运动能力评估及培养研究（区级重点课题）"以及"数据支持下幼儿运动能力培养研究（全国信息化重点课题）"等。在这些课题的引领下，我们的运动课程研究日益深入，并成功举办了多次区级展示活动。在这些展示活动中，我们园所丰富且富有挑战性的运动环境成为一大亮点，吸引了广泛关注。这促使我们思考，是否能让其他场地较小的幼儿园的孩子们也有机会来我们园所享受运动？正是这样的一个想法促成了我们与"野孩子乐园"的合作。

二、发展历程

　　从 2015 年起，我们幼儿园便开始与姐妹园尝试开展运动牵手活动。2016 年，我们结合嘉定区学前教育的大视野理念与内涵，一方面致力于挖掘周边运动资源，丰富我们园所的运动课程内容；另一方面，我们对原有的运动牵手活动进行了反思、调整和优化。我们的"野孩子乐园"运动项目不仅仅是简单地打破幼儿园的界限。它涉及环境创设、材料提供、幼儿参与以及规则建立、小组合作等多个方面，都需要具体进行实践和研究。

"野孩子乐园"运动项目主要经历了三个阶段。

第一个阶段： 初试——解决"玩什么"和"怎么玩"

（一）基于现有资源，筛选运动内容

在活动初期，我们对幼儿园现有的运动环境资源进行了梳理，并选择了符合以下原则的运动区域：

1. 具有自主性的运动材料。这类环境中提供的材料结构较低、具有可变性，能满足不同幼儿在运动中的探索需求，如设置平衡区、投掷区。

2. 具有情趣性的运动游戏。根据幼儿的年龄特点，我们还关注运动内容的趣味性，如开展"小兵训练营"等活动。

3. 具有挑战性的野趣环境。挑战区是我们结合幼儿运动发展需求创设的综合性区域，包括荡桥、爬网等运动内容。这个区域对幼儿的运动能力要求较高，是中大班幼儿喜爱的区域内容。我们开放此区域，主要是为了让姐妹园的幼儿体验与本园不同的运动项目。

（二）分析幼儿情况，确定活动形式

对于来到我们幼儿园的姐妹园幼儿，我们主要通过以下方式让他们融入运动：

1. 整体参观。姐妹园幼儿首先会观摩运动环境，以对运动场地分布有一个整体了解。

2. 玩法讲解。每个班级进入相应区域进行运动，我们的"小小礼仪员"会向他们介绍运动经验。

3. 轮流体验。姐妹园幼儿会轮流体验我们幼儿园的两到三个运动区域。

（三）制订安全预案，保障幼儿安全

我们制订了安全预案，包括场地安全隐患检查、饮水点准备等。活动中，每个区域都配备一名教师和一名保育员以保护幼儿安全。

优势与不足：

1. "运动环境"再优化："野孩子运动乐园"环境内容筛选过程，也是幼儿园环境的重组和优化过程。这使运动环境更具自主性、野趣和趣味性。

2. "同伴交往"多形式：活动为孩子们交新朋友提供了机会，创造了幼幼交往的机会。

3. "运动品质"促发展：活动中不仅提高了孩子们的运动能力，还促进了运动品质和社会性的发展。

同时，我们发现了一些不足：

1. 参与人员受局限：每班仅有两名礼仪员进行迎宾和区域介绍，其他幼儿缺少与同伴互动的机会。

2. 主人翁意识不强：活动中幼儿专注于运动本身，缺乏主动介绍和共同运动的意识。

为了解决这些问题，我们再次思考"为什么玩"和"怎样玩"，以让更多孩子参与其中，并真正获得"小主人"的体验。

第二个阶段： 演变——分析"为什么玩"和"怎样玩"

（一）找准定位，优化顶层设计

根据《上海市学前教育课程指南》的指导，我们为幼儿创设了同龄幼儿活动与混龄幼儿活动相结合的环境，旨在满足幼儿与不同年龄同伴交往的需求。《3～6岁儿童学习与发展指南》中也提出，应常带幼儿接触不同的人际环境，以快速适应新的人际关系。因此，我们重新设计了方案，更注重从我园幼儿的健康领域发展角度出发进行调整。

1. 从单一项目到融合课程的演变：我们开展了"我会交朋友"活动，通过情景模拟、讨论分享等形式让孩子学会交友的简单方法。

2. 从个别孩子结对到每个孩子结对的演变：每个孩子自由选择一名伙伴，并带着伙伴参与幼儿园活动。这样，他们就成为同伴，可以一起合作或互相学习运动方式。

3. 从注重活动形式到注重活动分享的演变：活动后，我们强调分享，让孩子谈谈活动中的开心事，体验交往的乐趣，同时学习同伴的交往经验。

（二）方案互通，高效组织活动

1. 了解情况，制订方案：我们通过沟通了解姐妹园幼儿的人数、年龄等信息，帮助提前制订方案。

2. 及时沟通，预告方案：方案制订后，会提前向姐妹园预告，以便他们对活动流程和注意事项有所了解。

3. 收集反馈，优化方案：活动后，我们向姐妹园教师了解情况，收集反馈，以便优化方案。

优势与不足：

通过几次实践，我们看到孩子们在活动中的进步。

1. 互学互助，提升运动技能：孩子们在"野孩子乐园"运动中相互学习，互相激励，提升运动技能。

2. 解决问题，提高运动智慧：不同年龄段、不同班级的孩子通过互相影响和帮助，提升了解决问题的能力。

3. 拓展范围，提升交往能力：牵手活动让幼儿与更多其他幼儿园的小朋友交往，增强交往能力。

不足之处是，幼儿的参与度较低，自主性体现不够，大多是按照老师设定的流程进行活动。

第三个阶段： 突破——凸显"我会玩"和"教你玩"

随着"以幼儿为主体"的课程理念进一步深化，我们探索如何更好地在活动中体现孩子的主体性。基于这样的思考，我们进行了新一轮尝试，使幼儿成为活动的主人。

（一）调整环境，提高幼儿运动学习的自主性

为实现幼儿在环境中的自主学习，幼儿将自己的运动经验制作成版面，并展示在运动区域中。这样，姐妹园的孩子在运动过程中，能通过解读这些运动动作来拓展他们的经验。我园的幼儿通过带领新朋友观看和学习新动作，共同提高运动技能。

（二）制订计划，调动幼儿参与活动的主动性

在活动前期，教师制作了"野孩子运动乐园"活动记录本，鼓励每个孩子在活动前制订属

于自己的计划书，以激发每个孩子的主动性。

首先，计划先行。通过制订计划书，孩子们对即将到来的牵手活动充满期待，并以美好心情迎接新朋友，有的孩子还制作了"专属徽章"。

其次，目标跟进。孩子们根据计划书，明确带新朋友玩耍的地点、所需材料和玩法，增强活动的目的性。

最后，过程指导。带新朋友到运动区域后，孩子们成为"小老师"，向新朋友介绍玩法和安全注意事项。在分组游戏和运动过程中，教师关注孩子的表达，如有需要，会提醒孩子进行动作示范或引导新朋友参考运动版面。

（三）收集评价，注重幼儿活动体验的全面性

起初，我们主要注重教师对活动方案的评价及对活动中孩子的评价，但忽视了孩子对活动的评价。因此，在本次调整中我们更加重视孩子的评价。

教师的评价：教师对方案的可行性进行评价，为下一次活动方案的调整提供依据。

园内幼儿评价：本园幼儿通过分享活动、绘画等方式对活动中的表现进行自我评价，鼓励幼儿发现自己的亮点、分享所学到的运动新方法，从而树立幼儿交往的自信心。

园外幼儿评价：收集外园孩子对本次活动的评价，包括最喜欢的运动项目、最开心的一件事等。

这些评价帮助我们从多角度、全方位地了解项目的实施情况，为每一次的调整提供真实依据。

发展与收获：

1. 教师的发展

课程质量意识不断提升。开展"实践—反思—调整—再实践"的模式，展现了教师对课程实施质量的关注。这促使教师从问题中思考、求索、提炼，这些真实问题形成了最具价值的课程内容，体现了教师儿童观、课程观、评价观的转变。

解读幼儿能力的提升。在活动中，教师逐渐从"以幼儿发展为本"的理念出发，学会用完整的儿童培养理念去观察、分析、解读幼儿行为。牵手活动中，教师需及时发现不同班级孩子的问题和状态，并给予适当的帮助和调整；在发现活动中幼儿的兴趣点时，找出问题形成的原因，制订有针对性的计划。

2. 幼儿的发展

增强解决问题的能力。在活动中，孩子们面对各种问题时，学会了协商、替代、询问、制作游览大地图等解决问题的方法。

提高了幼儿的多元能力发展。在牵手活动中，幼儿的运动能力得到发展，同时他们学会了关注他人、与人合作、沟通，以及相互谦让和尊重，社会性情感得到提升。

第二节　大数据支持下的"E 运动活动室"

近年来，"大数据"无疑成为上海基础教育领域最受关注的研究热点之一。然而，大数据对幼儿教育具体能产生哪些促进作用？幼儿发展数据又具体指什么呢？我园有一间名为"E 运

动活动室"的新奇教室。在这里，通过可穿戴传感设备、Kinect 动作捕捉技术和摄像头颜色识别技术可追踪孩子们的运动动作和轨迹。借助大数据和云计算等技术手段，实现了幼儿实时运动数据的全面、精细化记录，从而客观、清晰地反映和评估每个孩子的发展数据，以及各项运动能力的达标情况。

一、拟解决的问题

在幼儿运动数据的采集与整合方面，目前我国尚未建立完善的幼儿运动能力大数据库，且缺少基于云平台的大数据建设和发展。幼儿运动能力数据的收集难度大，过程漫长，人力物力消耗量大，得到的数据量有限，精确度不够，而且所得数据的维度存在局限性。由于缺乏基于云平台的大数据建设，数据量少，管理不足，无法共享，现有数据资源难以进行对比分析、成果评估和效果跟踪，导致数据利用率低。如果这种状况持续下去，即便基层教育形成大量创新性成果，也将无法得到有效利用，造成资源浪费。科学地进行运动则需要准确捕捉个体数据，在形成大数据基础上，实现精准决策和分类施策。

二、解决问题的路径

（一）研究思路

计划首先总结已有的资料和经验，利用现代技术设计新的测评工具，形成有效的测评体系。应用 E 运动活动室的功能，采用实验法对幼儿运动能力进行全面测评并采集数据，进而建立高质量的幼儿运动能力大数据库。在实验数据的支持下，形成对我园幼儿运动能力发展水平的客观认识，探索有效的幼儿运动能力评估标准。

通过研究和反馈，为幼儿运动能力在生活和教学中的培养提供依据和参考。教育者可以利用数据来制订教学计划、调整教学模式、确立教学目标、形成教学评估和学校评估标准。反过来，实际教学中产生的反馈又能进一步完善大数据库。通过形成自发持续的循环系统，改变幼儿运动能力教育现状，促进幼儿运动能力的发展。

（二）研究步骤图

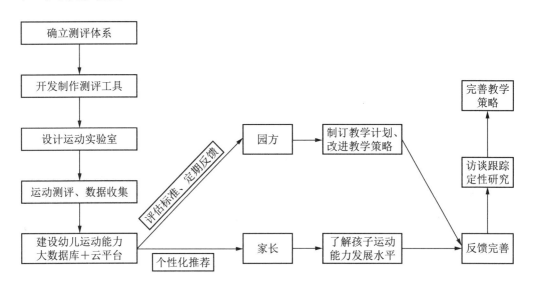

（三）研究创新点

在数据采集和整理方面，我们采用先进的技术和测评仪器进行运动能力测评，并建立了一个大型数据库。这种方法与传统的运动能力测评相比，能够获得更精确、更全面、更快速的数据，且收集过程更为便捷。每套设备可以测试多达 20 个指标，不仅包含定量数据如完成时间和完成数量，还包含了评估完成过程质量的定性数据。这种方式不仅样本量大，还能对每个幼儿进行个性化评估，适用于横向和纵向的多种研究工作。

这种方法减少了传统运动能力数据采集中对人力和物力的高消耗问题，克服了传统测评方法在操作程序上的局限性，使得测评工作可以高频率进行。与以往数据一次性收集的情况相比，我们的测评更类似于游戏，孩子们更容易接受。通过固定的活动室，可以每周进行数据收集，涵盖大、中、小班的所有学生。在减少人力物力消耗的同时，却能获得更丰富的被试数据。

通过云平台的应用，可以跨区域、跨时间地处理数据，便于应用和管理。这种方式允许同时进行横向和纵向的对比，反映幼儿运动能力的发展过程，更加深入地认识幼儿运动能力的发展水平。

三、实践推进过程

（一）E 运动，有趣智能

E 运动活动室中配置了大约 20 种设计科学且专业的运动测评设备，涵盖平衡、协调、力量、耐力、灵活和速度等六大运动维度。这些系统不仅能用于测评，也是幼儿喜爱的活动材料。活动室的设计灵感源自成人健身馆。为了了解孩子的动作发展和身体素质，我们要求幼儿体验活动室里的每个项目，并鼓励他们继续玩自己最喜欢的内容。

例如，智能跑道项目让孩子能自由地进行短跑、折返跑、趣味骑球跑、套袋兔子跳等活动。当扫入孩子信息后，远程雷达开始收集孩子的跑步速度、姿态等多种数据，进一步分析出运动步幅大小、频率、落脚点等综合数据，方便评估。

另一方面，脚步器上的孩子们在屏幕上进行踩点游戏，其中传感器设备将运动数据连续输入终端电脑，记录速度、灵敏度、下肢灵活性和肌肉力量等。在游戏中，孩子们的运动数据被清晰、精确地记录。

（二）云计算，数据追踪

所有数据汇总后，经过整合可提供孩子运动发展的各种信息，如最佳成绩、每周平均成绩、能力发展曲线等纵向追踪数据，以及年龄组和班级间运动能力的横向比较数据。通过云平台技术，所有数据完整存储，便于多次处理和利用，打破了以往运动数据收集难、储存难、利用率低的困境。

（三）小手册，私人订制

我们的《幼儿健康手册》围绕平衡与协调、速度与敏捷、力量与耐力等方面提供理论指导和个案数据分析。例如，通过智能跑道和脚步器活动所收集的速度、灵敏度、脚步弧度等数据，可了解孩子的粗大动作状况。年度数据分析帮助了解孩子一年的发展情况，并与同龄幼儿比较，制订个性化活动计划。"手册"记录了幼儿 3 年内的数据变化，反映了家园一致性的动作练习，展示了幼儿的成长足迹，对其终身发展具有重要意义。

四、思考与展望

大数据的核心价值在于对海量数据的存储和分析，特点包括大规模、多样化、快速生成、高价值。依托云计算的分布式处理、分布式数据库、云存储和虚拟化技术等新型处理模式，大数据展现出强大的决策、洞察和流程优化能力。利用大数据，我们能从大量实时数据中获取更具体、更精确的信息，实现针对用户的个性化服务。

（一）自主运动——满足幼儿运动能力发展

E运动活动室不仅能激发幼儿的挑战和竞争意识，还让他们的身体在运动玩耍中得到锻炼，技能也自然习得。大数据分析使教师能迅速发现幼儿运动能力的弱势和优势。在户外运动中，教师引导幼儿自主运动，同时借助运动社团设计有针对性的科学集体教学活动，提供支持，满足幼儿需求。例如，发现幼儿在下蹲钻圈过平衡木时掉落较多，教师可以设计一节高结构集体活动，以提高幼儿对该动作的掌握程度。

表6-1　各班运动优势及弱势总体分析

项　目	大（1）班	大（2）班	大（3）班	大（4）班	大（5）班	年级均值
平衡台（秒）	627.00	687.41	454.21	557.88	393.72	537.78
趴地推球（个）	62.14	63.70	74.05	73.76	67.36	68.16
吊环（秒）	24.99	35.95	24.89	24.40	27.32	23.30
跳远（厘米）	107.08	100.56	94.95	105.24	100.75	101.89
蹦床（个）	46.64	48.35	50.42	48.96	46.64	48.09
脚步器（秒）	1.20	1.15	1.20	1.19	1.31	1.21

通过数据对比，我们发现幼儿的平衡能力有了稳步提升。在最新一次教师识别中，随着新材料、新玩法和新规则的引入，幼儿在平衡木上的参与人数明显增多，他们挑战自我的勇气也相应提高。

（二）科学评价——支持教师专业水平提升

通过将大数据应用于幼儿运动发展评价，可以及时、实时地了解幼儿的成长状况，发现问题行为，挖掘潜在运动能力，并全面展现幼儿运动能力的发展趋势，准确记录幼儿各项运动能力的发展。

1. 大数据评价，有助于提高教师指导的针对性

利用E运动活动室的大数据，我们不仅可以分析出每个班级的优势和弱势，还能关注到个体幼儿在特定方面的运动能力。这对教师的个性化指导非常有益。例如，根据幼儿的运动评价，如果发现某个班级整体下肢力量不足，教师就会有针对性地调整户外区域的运动方案，增加跳跃游戏等。通过这种方式，确保幼儿不同身体素质得到锻炼，以有效促进幼儿运动能力的发展。

2. 幼儿自我评价，有助于提高教师观察的目的性

教师的教学起点是理解幼儿，而理解幼儿的游戏行为需要敏锐的观察。例如，大班幼儿采用自我评价的方式对自己的运动进行评估，通过对比数字和时间来判断运动水平。通过多次运动和讨论，幼儿的评价逐渐从单纯关注"数字"转移到关注运动过程和动作的准确性。教师根据幼儿的大数据分析和幼儿的自我评价，对幼儿的运动能力进行全面分析，在户外运动过程中，对幼儿进行有针对性的观察和指导，从而提高观察的目的性和指导的有效性。

（三）有效数据——帮助家长了解幼儿水平

目前，许多家长重视幼儿的认知发展，却对运动能力的重要性缺乏足够的认识。幸运的是，E运动活动室的实时监测为家长提供了一个了解幼儿运动能力发展水平的途径，不仅从纵向，也从横向提供了全面的数据。家长通过与教师的沟通，对运动教育的理念有了显著的改变。他们可以根据数据判断幼儿的弱项，并在教师的指导下与孩子共同制订运动计划。

表 6-2　运动计划表

日期	项 目 内 容
周一	平衡、上肢力量：单足立正、扔沙包
周二	身体协调性、平衡：跳绳、自抛自接皮球
周三	上肢力量：悬垂、投篮
周四	下肢力量、平衡：立定跳远、走台阶
周五	身体协调、上肢力量：两人相互传接球、悬垂
周六	平衡、下肢力量：燕式平衡、双脚连续跳
周日	身体协调、下肢力量：跳绳、单脚跳

家长可以按照计划，在小区或家中每天安排20至30分钟的时间，与幼儿一起进行针对性的练习，例如平衡走和单脚闭眼站立等。这样的家庭运动时间不仅增进了亲子关系，也帮助孩子在家长的陪伴和鼓励下提升运动能力。

此外，E运动大数据还可以帮助教师明确运动课程的目标和幼儿运动发展的阶段性目标。通过数据分析，教师可以更深入地理解运动的价值和方法，明确幼儿动作发展的具体目标和要求。这种科学的运动指导方式有效提升了教师教学的针对性和科学性，推动运动课程理念的成熟和发展，丰富了幼儿的运动体验，促进了幼儿的全面动作发展。

第三节　家园共育下的《幼儿健康手册》

一、探索缘起

自本园创办以来，我们始终致力于培养幼儿的运动能力。多年的探索和实践使我们逐渐确立了"奔跑，让每个孩子拥有健康快乐成长的力量"的课程理念。这一理念在推动每一名幼儿健康和谐发展方面取得了显著成效。随之而来的是E运动活动室的建立。它利用信息化手段全面捕捉幼儿的运动数据，从而使"大数据"在准确评估和分析幼儿各方面发展情况方面发挥了重要作用。此外，通过跟踪、积累和对比幼儿运动发展的评估数据，我们能轻松地检验运动课

程的建设与实施情况。虽然大数据成为了教师评价的一种手段，但仅将其作为教师评价的参考依据还存在一定局限性。

随着生活方式的变化，家庭对运动的重视程度日益提升。《幼儿健康手册》的运用，可以使家长直观地了解幼儿的运动状态，并科学全面地评估孩子的运动现状。基于此，我园提出以手册为载体，来提高家庭教育的指导能力。实践证明，家园互动为达成幼儿园与家庭教育的一致性提供了有效的保障，并将3至6岁阶段幼儿的运动发展提升至新的高度。

二、发展历程

依托E运动活动室所收集的运动数据，我们的研究主要围绕大班展开，以点带面，追求预设的研究目标。那么，如何设计手册？哪些运动内容是家长和幼儿最需要的？怎样的记录方式最有效？为此，我们在大班家长中进行了问卷调查，梳理了幼儿家庭运动的现状及存在的主要问题，并在此基础上选择具有代表性的内容呈现在手册中。

（一）内容设计

在前期调查的基础上，我们以问题引领思考，开始设计手册内容。

1. 确定框架

（1）收集数据，打下基础

我们与第三方心理感知研究中心一起开展数据收集、开发数据化运动工具，并逐步完善、优化与升级测评工具。目前，设备已进行多次更新升级，具体涉及硬件升级、软件优化、指标科学性升级、外观修改、测评规范化等。信息化运动环境的创设，丰富了测评内容，有趴地推球、脚步器、平衡台、吊环、蹦床、跳远等多个游戏构成的软件。借助触觉感应墙、智能穿戴设备和人体识别技术，我们精准记录了幼儿运动过程中的系列数据，包括数量、平均时间和总时间等。

（2）数据分析，确定常模

在数据支持下，每班选择2至3名体弱幼儿进行个案编制。我们查阅了大量资料，发现上海市3至6岁幼儿运动常模是空白领域。我们对数据库进行梳理，形成幼儿园的常模，让家长对孩子的运动情况有依据可对比。并将所有数据上传至统一数据库，进行纵向和横向比较，全面描绘幼儿运动过程。老师可以通过云平台查看数据的实际意义。

（3）构建框架，形成手册

《幼儿健康手册》围绕平衡与协调、速度与敏捷、力量与耐力进行理论指导和个案数据分析，使老师和家长对幼儿的动作发展情况一目了然。我们经历了多次讨论与尝试，选择以班级体弱儿、肥胖儿为对象编写个案，注重将数据、运动内容、运动状况三方面内容编入个案中。手册的构建过程中，我们试用后收集了老师和家长的建议，增加了动作发展要求与对应心理发展、运动评价、运动菜单等内容，最终形成了一个相对完善的手册。

2. 编制原则

（1）直观性原则

手册的内容主要以数据和表格形式呈现，数据旁标注有上升或下降的箭头，使家长能够快速、直观地理解手册的基本内容。将科学运动知识简化、细化成表格形式展现，所选取的亲子游戏简单易操作，便于提高实用性和操作性。手册内容通过照片和表格式的评价，简化家长的记录工作，同时动态地记录孩子的成长过程。

（2）连续性原则

幼儿的运动基本情况每季度或每两个月更新一次数据。主要更新身高和体重信息，确保手册内容在原有基础上的连续性，让家长持续了解幼儿的运动状态。

（3）贴近生活原则

在设计手册及其内容时，我们参考了多种理论书籍，并充分考虑到内容应贴近幼儿生活实际，特别是适合亲子运动和家庭运动的开展，使手册内容贴近日常生活，便于家长使用。

（4）家园同步原则

手册的设计和使用需家庭与幼儿园的共同配合，双方共同完善手册，提升其质量，并充分挖掘手册中隐含的教育价值。

3．记录方法

（1）图片式

根据家长问卷反馈，我们发现照片这种直观的展示方式能更有效地吸引家长参与和互动。因此，在编写手册时，我们选择保留能展现孩子活动过程的照片或孩子自己画的运动画像。这样的记录方式能让家长更直观、生动地了解孩子的运动成长历程。

（2）表格式

为了更好地观察和记录幼儿的运动情况，我们设计了一套观察记录表，特别是针对家长设计了简单易懂的观察记录内容。家长可以根据孩子的表现使用笑脸或哭脸图标来记录，便于家长记录和跟踪评估孩子的运动发展状况。

（二）细节演变

手册的雏形：手册最初的形态包含了基本情况、运动数据汇总表、指导建议、采取的措施（包括幼儿园和家庭建议）。内容既包含数据也有图片，便于家长直观地了解孩子的运动现状，并且兼顾家园共育，使得老师和家长能同时观察孩子在园内外的运动情况，以推动家园一致性教育。

手册的成长：个案实际应用后，我们发现家长与幼儿园之间的互动有限，且个案的个性化程度较高，如果每个幼儿都编制类似的手册，将给老师带来额外负担。综合老师和家长的意见，我们认为个案可推广，但内容需进一步调整，如提供科学指导依据、提高家园评价的参与兴趣等。

手册的调整：在汲取多方意见后，我们对手册内容进行了调整，使其更丰富。例如，提供运动菜单便于家长家中实施，增加《3～6岁儿童学习与发展指南》中健康领域的年龄段特点，如增加自评与互评以提高运动积极性等，更符合年龄特点和家长需求。

手册的投放：我们正式在大班家庭中投放《幼儿健康手册》。班主任负责填写幼儿基本信息和定期更新运动数据。手册中的数据和照片使家长能直观地看到孩子的运动发展轨迹，帮助家长更清晰地了解孩子各年龄段的运动特点，并提醒家长与园方共同丰富手册内容。手册末尾预留的空白页供家长留言或贴上运动照片，增加手册的丰富性和意义。

手册的延续：鉴于家长希望看到孩子在幼儿园3年的成长变化，我们将尝试从中班开始收集运动数据，设计手册，并以每班2至3名体弱儿为研究对象进行尝试。

三、价值分析

（一）手册特质

1. **延续性**：手册为家长呈现了幼儿在该年龄段的动作发展特点及心理发展水平，丰富了家长对于该年龄段幼儿的科学育儿知识。通过记录孩子一整年的运动数据变化，家长可以根据孩子实际情况，选择适宜的亲子运动项目，使手册使用更有针对性。评价表的制订也考虑了幼儿的年龄特点，体现了评价的科学性和层次性。

2. **动态性**：随着幼儿年龄的增长，手册内容不断丰富和变化。手册中增设的"精彩瞬间"由家长和老师共同完成，通过呈现孩子成长过程中的照片，更能体现孩子的成长轨迹。

3. **评估性**：手册中包含让家长对孩子的运动状况及成长进行评价的部分。评价以表格式呈现，便于家长对比，从而更好地了解孩子的发展水平。孩子也可以进行自我评价，简单易操作的评价方式增加了家长和孩子对运动的重视。

4. **实用性**：在手册投放前，我们根据老师和家长的意见和建议对手册内容进行调整，使其更符合家长的需求。在使用过程中，我们继续汲取家长的意见，对手册进行修正，确保手册的实用性。

5. **个性化**：每个家庭的手册都是独特的，其完善过程源于孩子和家长的共同参与。由于每个孩子的成长过程存在差异，最终呈现的手册也具有个性化特点。

（二）共育成效

《幼儿健康手册》中幼儿数据的阶段性记录，不仅体现了家园共育在对幼儿进行针对性动作练习方面的一致性，也记录了幼儿在运动方面的纵向成长轨迹，对他们的终身发展具有重要意义。根据手册投入使用后的初期效果，以下是共育成效的主要方面：

1. **教育资源共享最大化**

手册直观呈现了数据内容，使家长能够清晰了解孩子的运动情况。手册中的运动游戏菜单为家长提供了参考，同时也使老师能从家长的评价中了解孩子的运动表现。这不仅实现了幼儿园与家长之间教育资源的共享，还促进了家庭间教育资源的共享，最大化地利用了教育资源。

2. **家庭教育互补最优化**

手册的使用提高了家长在指导孩子运动方面的积极性和主动性，使家长对学校教育的理解和支持增强，从而推动了学校教育与家庭教育的有效对接和相互促进。

3. **尊重幼儿运动个体差异化**

《幼儿健康手册》根据不同幼儿的运动水平记录相关数据，使家长能够针对孩子的弱项选择合适的运动内容，补充幼儿园运动中的不足，实现了优势互补。

4. **推动幼儿园品质化发展**

手册的使用利于制订专业化的运动培养方案，促进幼儿身体素质的发展，提升了幼儿园的办学品质。通过综合家长和教师对幼儿的全面观察，促进了幼儿园在运动教育方面的专业化和品质化。

CHAPTER 07

第七章 "全天候"运动的实践思考

在大数据的支持下，我们对幼儿的运动能力进行了梳理与分析，积累了一定的经验，并具备了科学指导的能力。然而，教师如何更好地运用数据信息和专业能力，对幼儿实施更加系统、有效的教学，仍需要我们在实践中不断探索和创新思考。例如，在设计"全天候"运动时，我们应重视室内外运动环境的差异，充分考虑活动的组织和实施的科学性，以丰富幼儿的多样运动体验；在运动实施环节中，我们应为幼儿提供更有针对性的指导方法，以助力幼儿的和谐发展；同时，在提供科学组合的运动场地和生动有趣的运动情境时，我们应创造更丰富的活动内容，为幼儿带来多样的运动体验，旨在提高幼儿的运动自信心，并增强他们参与运动活动的兴趣。

第一节　运动区域环境的创设思路

一、室内运动区域

在梅雨季节、冬季或雾霾天气等外界因素影响下，室外运动可能无法顺利开展。尽管我们拥有风雨操场或教室供幼儿在雨天活动，但单一的材料和一成不变的场地环境会影响幼儿的运动体验，且难以达到一定运动量。因此，对室内运动区域进行大改造成为我们的研究方向。我们力求通过室内小游戏，巧妙利用走廊、楼梯、风雨操场、轮滑室等空间，创造丰富、有趣、适宜的室内运动环境，以增加幼儿的运动乐趣和挑战性。

（一）实践原则

1. 运动性

在场地受限的情况下，室内运动也应体现运动性原则。运动不等同于游戏。我们遵循以下几个重要因素：运动量、运动密度、运动技能等，有针对性地锻炼幼儿的身体机能。在室内与室外相结合的运动环境中，我们为幼儿提供了充分活动大肌肉和小肌肉的机会，以全面提高身体素质。

2. 趣味性

培养幼儿对运动的兴趣是幼儿园开展运动课程的重要目标。运动兴趣是幼儿参加体育活

动的主要驱动力，包括参与兴趣、模仿兴趣、交往兴趣、竞赛兴趣、表现兴趣等。我们知道，"知之者不如好之者，好之者不如乐之者"。对于幼儿来说，让自己感兴趣的活动能够激发更积极的表现和主动参与。因此，在设计室内活动时，我们结合幼儿的喜好，挖掘生活中的元素，以吸引幼儿的兴趣。相反，枯燥乏味的运动会减少幼儿的兴趣，可能导致参与过程中的消极情绪和失误。

3. 安全性

在开展各类活动时，我们遵循幼儿生长发育的规律，确保幼儿的安全。因此，游戏的活动量应适中。幼儿园必须将保护幼儿生命和促进幼儿健康放在首位。在选择材料和场地时，首要考虑是幼儿的安全，例如，绝对不能使用尖锐或过硬的材料。我们还会定期排查环境和材料的安全隐患，以保证运动安全。

（二）实施策略

1. 创造科学环境，渲染运动氛围

著名心理学家皮亚杰曾指出："幼儿的认知发展是在与周围环境的互动中积极主动地构建的。"我们必须创设并有效利用环境来促进幼儿的发展。环境作为幼儿的第三位老师，必须符合幼儿的年龄特点，才能有效锻炼幼儿，为提高身体素质打下基础。幼儿亦会在与环境的互动中获得启发。

例如，风雨操场的攀爬区改造前仅有攀爬架、软垫、摇摇马等材料，游戏玩法单一，难以提升个别幼儿的运动能力。改造后，我们在攀爬架上方增设了更多攀爬区域，如网兜、滑梯等，并设计了多种攀爬方式，如阶梯、洞洞墙、滑竿等。这些改变有助于提升幼儿的运动能力，确保高密度低强度的活动量。

E运动活动室利用大数据和多媒体辅助工具实时观测幼儿的运动能力，配备了重力传感器、平衡台、雷达感应器、触摸框、显示屏等设备。在此环境中，幼儿能直观地看到自己的成绩，进行成绩对比，形成自我认知，获得超越自我的情感体验。

2. 增添新颖材料，增添情趣情感

我们从单一、成品化的运动材料转变为多用途、可再造的玩具材料。材料应多样化、种类丰富、数量充足，满足不同兴趣的幼儿需求，并具有可变性和探索性，以促进幼儿创造性思维的培养。例如，在走廊小游戏中，我们投放了环保材料，鼓励幼儿进行加工再造，以激发其兴趣，同时培养环保意识。

风雨操场的大蹦床经过调整，增加了多种玩法。例如，通过纸箱、迷彩服、小软球等道具，幼儿可分成两个战队，自主搭建碉堡，进行攻防游戏。另一玩法是通过各种形状的镂空隔板和小蹦床，幼儿可以跳跃观察对方，增加游戏的趣味性和互动性。

以上策略均旨在为幼儿创造一个科学且有趣的运动环境，通过新颖的材料和多元的活动方式，增强幼儿的运动体验，促进其身心发展。

3. 玩法多种多样，提升运动能力

重复相同的动作运动势必会使幼儿感到厌烦。改变同一游戏中的道具，使其玩法变得多样化，可以增加幼儿的探索动力。楼梯，作为幼儿每日必经之路，在上下楼梯时，幼儿们常有新奇的想法，如两步并作一步、沿边移动等。遇到恶劣天气时，楼梯成为理想的活动场所。利用幼儿园有限的空间，发掘楼梯空间的使用潜力，最大限度地发挥楼梯空间的运动价值。

例如，可模拟部队军训，在楼梯上采用攀爬、跨越等方式，增强腿部肌肉力量，并锻炼耐力。教师可以事先指导幼儿进行热身运动，确保活动顺利进行，然后让大家背好书包在楼梯集合。第一层楼梯可以用绳子交错缠绕在楼梯扶手上，接着用网覆盖楼梯，在梯台上摆放矿泉水瓶。再往上一层的楼梯平台上摆放滑轮车。每一层的障碍物都可以变化，以增加玩法的多样性，提高孩子们的合作能力，培养他们相互协调、团结友爱的精神。

4. 融合五大领域，提升运动品质

五大领域的集体教学活动内容深受幼儿喜爱，我们经常利用绘本情景与运动游戏结合的方式，增加幼儿的参与次数。情景运动游戏，即编排情景剧，结合音乐、场地等外在条件，搭配简单动作，增强幼儿的肌肉力量，提升幼儿的协调能力，同时通过游戏提高孩子们的合作能力。例如：童话故事中的小矮人形象，以其善良、诚实、勇敢的特质深受孩子们喜爱。在游戏情景中，可以让孩子们以半蹲行走的动作完成任务，发展腿部力量和身体协调性。通过障碍物时，幼儿需要弯腰，这有助于增强腿部和腰部的力量。同时，逐渐降低障碍物的高度，观察大家是否能坚持到最后。小矮人形象无形中也向幼儿传递着满满的正能量。

——执教与设计：邱浮迪

二、室外运动区域

《幼儿园工作规程》指出："在正常情况下，幼儿户外活动时间（包括户外体育活动时间）每天不得少于 2 小时。"户外运动对于儿童来说，如同阳光、空气和雨露一般，是其生存发展的必需品，也是健康成长的重要动力。通过户外体育活动，可以满足儿童天性展现的需求，实现幼儿发展的多种可能。

（一）发现：热闹有余，缺乏创造与合作

我们观察到，每次开学后的那段时间是孩子们最为开心的时刻，每位幼儿都会积极主动地参与户外运动，尽情地与伙伴分享运动的乐趣，并对新的运动材料充满探索动力。然而，一段时间过后，孩子们的运动兴趣便开始下降，运动中的重复性增多，创造性减少，逐渐失去了与同伴合作运动的意识。

例如，在大班户外区域的"球球总动员"运动中，有些孩子正在进行激烈的足球比赛，有的孩子在球门前认真守门，另一些孩子则在篮球区进行投篮游戏。连续观察一周后，教师发现孩子们缺乏创造性意识：同样的运动场地从周一使用至周五，投篮的孩子一整周都在进行投篮、拍球比赛；孩子们的合作能力也较弱，在足球、曲棍球比赛中很少有与队友商讨战术的情况，大多数情况下是能力较强的孩子在指挥其他孩子。

（二）思考：关注需要，支持幼儿主动学习

大班幼儿需要什么样的运动环境？他们喜欢哪些运动材料？

通过运动分享、运动日记，教师发现大班幼儿最热衷于"大型玩具""勇敢者之路"和"快乐跑道"这三个运动区域。他们享受在大型玩具中追逐和滑行的乐趣、在勇者之路上跳越沙坑的挑战，以及在快乐跑道上奔跑的速度。连续观察一周后，教师发现这三个区域满足了幼儿不同方面的需求，具体梳理如下：

幼儿在户外运动中，除了满足基本的生理和安全需求外，还需要社交、尊重以及自我实现的需求。幼儿天性活泼好动，运动为他们提供了满足好奇心的机会，他们在玩耍中探索环境，

发现运动中的"奥秘"。以球类运动为例，幼儿喜欢各种球类活动，可通过拍、扔、踢等多种动作玩耍，在自抛自接、双人抛接中发展空间感知。在运动中，幼儿往往需要同伴的配合，遵守游戏规则，以及学会通过合作解决问题，这些都有助于促进幼儿社交能力的发展。

（三）尝试：两大改变，满足幼儿的运动需要

1. 运动环境：由"单一"变为"多样"

根据《上海市学前教育课程指南》，我们应因地制宜地创设各种有趣的运动环境，开展形式多样、富有野趣的活动，吸引幼儿主动参与，并让他们体验运动的乐趣。我园拥有丰富的自然资源，如树木、土坡、草坪和藤萝架等。这些资源都深受幼儿的喜爱。幼儿可以在树林间穿梭、在草坪上翻滚，充分享受大自然赋予的恩惠。在空间利用方面，我们一直在思考：哪些边角料空间可以利用？如何发挥树木草地的趣味性？

大班幼儿进行了一次"我喜欢的运动场地"讨论会，每个班级的幼儿都积极参与。教师发现，大班幼儿喜欢有挑战性、可变化的场地。"山坡""草地""泥坑""攀爬架"和"骑行"等是幼儿的高频词汇。因此，我们在暑期对户外运动环境进行了改造，创设了一片自然且富有野趣的运动场地，对原本过于密集的植物进行了重新设计，为幼儿提供了适合攀爬、骑行的场所。这些野趣、多变且充满挑战的运动环境吸引了每一个孩子。以下是教师观察到的大班女孩嘉嘉的运动过程。

案例：勇往直前的嘉嘉

嘉嘉是一个文静、内向、谨慎的女孩。这是她首次来到"勇敢者道路"区域进行运动。她扶着栏杆，慢慢地攀爬过阶梯式的平衡木道路。在跨越最高处时，她选择了爬下来再爬上去的方式通过。在玩了几次平衡木之后，嘉嘉与朋友们排队小心翼翼地走完了摇摇晃晃的荡绳。随后，她面临着一条长长的壕沟和一排云梯的挑战，显得有些犹豫。嘉嘉没有继续前行，而是站在一旁观察。她看到后面的朋友们先用双手抓住绳子，再用双脚夹紧绳子，然后一下子飞越过壕沟。嘉嘉羡慕地看着他们。她的好朋友鼓励她："嘉嘉，快来玩啊！真刺激！我来教你！"在朋友们的鼓励下，嘉嘉尝试了第一次飞越壕沟。她模仿着朋友们的动作，双手双脚协调地抓住绳子。朋友们站在她身后喊着："嘉嘉！1、2、3，准备！"嘉嘉一跃而起，露出了开心的笑容。接着，她勇敢地挑战了云梯项目。她用双手交替地通过了云梯的三分之一，最后跳到了软垫上。她兴奋地对朋友说："我们再玩一次！"在接下来的几天里，嘉嘉对飞越壕沟和云梯项目产生了浓厚的兴趣。她还尝试了骑行项目，在树林里穿梭，感受沙地、石子路和木质波浪路的不同感觉，这些对她来说都是全新的挑战。

案例中的嘉嘉在户外"勇敢者道路"区域表现出了浓厚的运动兴趣，愿意挑战不同的运动器械，并善于与环境互动，在运动中学习。这个区域的环境充满了变化和挑战，例如阶梯状的平衡木、长长的壕沟和云梯，以及多变的路面。这与以往的运动环境大相径庭。在这样充满挑战和变化的环境中，幼儿能够满足自我实现的需要。因此，教师应该给予幼儿更多的时间，允许他们在体验、观察、交流中实现自我成就。

2. 材料：从"高控"到"自主"

（1）倾听幼儿的声音

第一，收集问题，小组讨论，梳理经验。教师挑选了三个最受幼儿喜爱的运动区域，进行

了一场关于运动材料的大讨论。其中一些问题由老师提出，另一些则由幼儿提出。幼儿结合现场照片提出了自己的想法。教师支持幼儿进行探索性学习，并鼓励他们通过绘画方式记录自己的思考，协助幼儿制定计划，梳理经验。

表7-1 运动材料讨论表

运动区域	话 题	回 答
大型玩具	你觉得大型玩具可以有哪些新玩法？你还需要哪些材料	幼儿1：可以用大型玩具运沙包，并把沙包当作子弹比一比谁扔得远 幼儿2：我想在大型玩具上挑战爬到网架的最高处，然后翻过去。上次我爬到一半老师让我下来了，因为有点危险。 幼儿3：可以在网架下面放垫子，一个一个爬，不要拥挤
勇敢者之路	你觉得勇敢者之路上还可以增加哪些材料？为什么	幼儿4："飞越壕沟"的地面最好增加一些软垫，上次我摔在地上还是有点疼。 幼儿5：如果有软垫我也想试一下，还可以放一些障碍物，比如轮胎，比一比谁荡得高。 幼儿6：云梯那里可以像滑索一样放一些沙包，然后比赛用脚扔沙包
快乐跑道	快乐跑道上的木板可以有哪些不同的组合	幼儿7：木板可以加在铁架子上面，把两块木板放在第一层，另两块木板放在第二层。 幼儿8：我要把所有的木板平铺在上面快速跑过去

第二，**现场实践，探索体验，发现讨论**。教师和幼儿共同探讨材料的选择是否合适，玩法是否可行。在书面计划到实地操作的过程中，幼儿进一步探索了对空间的感知、规划和调控。在这个过程中，孩子们遇到了诸多问题，并讨论了解决方法。这种头脑风暴式的过程显著增加了同伴间的互动以及发现并解决问题的频率，真正体现了幼儿的主动学习。教师在幼儿尝试过程中进行观察、拍摄和记录，并以小组形式回顾幼儿设计的游戏，激发幼儿通过与材料的互动和同伴的互动，思考和探索解决问题的策略，进一步推动活动的有效实施。

（2）一线的调研发现

《上海市学前教育课程指南》指出：应借助各种材料和器械进行活动，尝试新的内容和玩法，以获取身体运动的经验。为了满足孩子们对运动材料的需求，我们对运动材料摆放区进行了重新设计。以前，运动材料储藏在7个不同的楼梯口，每次运动前，教师需要费力地拿出大量运动器材，运动后保育员要将各种材料归位摆放。经过一段时间的跟踪调研，我们发现这种方式使得教师和保育员的工作量较大。

基于以上问题，我们借鉴了游戏中"材料百宝箱"的做法，在运动区域集中的场地中建立了"运动材料超市屋"。屋外配备有推拉式、半透明的木门，同时将每个区域的运动材料分类摆放，并在材料架上张贴了幼儿自绘的标记贴。

运动材料超市屋的创设使得教师能够更多地关注幼儿运动过程，减少了教师为准备材料来回奔波的困扰，保证了幼儿参与运动的时间和空间。同时，在材料超市中，每个幼儿都能清楚地看到并取用幼儿园80%的运动材料。

（四）收获：坚持儿童立场，助力幼儿个性化成长

1. 相信幼儿的能力

基于大班幼儿对户外环境和材料的需求，我们的做法体现了对幼儿的信任，同时也代表了教师教育理念的转变。幼儿在参与环境和材料的讨论过程中，实际上也参与了幼儿园运动课程的设计。这改变了过去"教师主导，幼儿被动"的局面。大班幼儿在讨论、实践和发现的过程中，对自己的设计进行调整，以满足运动、安全、尊重和自我挑战的需求。

2. 满足幼儿个性需求

《学前儿童健康学习与发展核心经验》从生活和心理两个维度提出了相应的核心经验要求，即幼儿应具备生活自理能力和自我保护能力，以及情绪管理能力。通过在自然环境中的运动，孩子们不断克服对运动器械和玩法的心理障碍，在经历害怕、等待、尝试、失败和再次尝试后最终获得成功。同时，幼儿在运动中展示的自我服务能力，如穿脱衣物、自主饮水以及自我保护的能力，恰好符合运动核心经验的要求，也是教师评价幼儿运动能力的多维度依据。

通过满足大班幼儿的户外环境和材料需求，我们为幼儿提供了更广阔的自主学习和发展空间。师生和幼儿之间的互动更加高效，幼儿真正成为运动的主体，在与真实场景的接触中主动构建知识经验，体验学习和运动的乐趣，获得新的发现和理解。

——执教与设计：蔡英英

第二节　运动实施环节的策略分析

一、交流分享中师幼互动的组织策略

运动后的交流分享环节是运动游戏组织中不可或缺的部分。它以幼儿为主体，让幼儿分享自己在运动中的体验，自主梳理经验，主动建构认知，从而获得发展。户外运动中存在不可预测的因素和幼儿的个体差异，不同的运动经验带来不同的发现。

要让幼儿在运动后的提升有所体现，运动后的分享交流是一个重要环节。要在如此短的10分钟有效时间内实现幼儿运动经验的延伸和重构，并引发幼儿对下一次运动的兴趣和思考。

（一）问题分析

交流分享通常由教师发起，围绕"运动兴趣、运动能力、运动习惯和品质"三个方面开展。但多次拍摄复盘后，我们发现交流分享环节中存在"三多三少"问题：

1. 内容——教师预设多，幼儿兴趣少

教师在运动交流分享前，根据观察到的内容已有预设话题。他们常站在成人视角（超出幼儿认知经验），尝试用自己的认知解决幼儿问题，而忽视幼儿在运动中的真正兴趣。因此，幼儿在分享时兴趣不高。

2. 形式——教师陈述多，幼儿互动少

大部分交流分享形式是教师陈述、提问，幼儿围坐倾听、回答。教师与幼儿一对一互动较多，缺乏生生互动，形式单一。10分钟内，约70%时间为教师陈述、说教，消耗幼儿注意力。

3. 情感——教师干预多，幼儿参与少

大部分幼儿愿意分享运动故事，但教师往往只让表达能力较好的幼儿交流，忽视内向幼儿。有时以行为习惯为由阻止幼儿回答，忽略幼儿表达需求和感受。

（二）组织策略

针对上述问题，要有效组织运动交流分享并促进师幼互动，我们应围绕"谁分享""分享什么""怎么分享"这三个问题进行思考。

互动发起者可以是教师，也可以是幼儿。为了促进师幼互动的良性发展，不能忽视幼儿作为活动主体的重要性。只有当幼儿主动获得经验时，才能真正实现自身的发展。因此，要组织好一次运动交流分享，教师需要为幼儿提供多种支持，尊重幼儿的主体地位，并倾听他们的想法。

为满足每个幼儿的发展需求，我们可以采用各种方法，在语言、行为和心理等方面给予幼儿充分的尊重和支持，倾听他们积极的表达，鼓励他们大胆表达不同的想法，并不断强化幼儿的互动。

1. 谁分享——"话语权"支持

（1）提前预约法

提前预约法指的是在运动过程中（即交流分享前），教师提前与幼儿交流，帮助他们明确分享内容。对于内向的幼儿，教师可以提出问题，如"今天你玩了什么""发生了什么事情"，并给予他们思考的时间。

（2）幼儿主持法

幼儿主持法是一种让幼儿参与并主持交流分享的方式。在这种方法中，幼儿参与组织活动，与同伴和教师进行互动交流，彼此分享意见、想法、方法和经验，共同寻找解决问题的方式，并形成共识，共同成为分享交流的主人。对于性格较外向的幼儿，他们有较强的表现欲望。教师可以将主持的角色交给这些幼儿，以培养他们自信表达能力，并激发他们的参与积极性。

例如，在之前的交流分享中，当教师提问"今天在运动中有什么故事想分享吗"时，愿意回答的幼儿数量较少。而当教师提出"今天谁想尝试当小老师主持我们的交流分享"后，立刻有幼儿踊跃响应。他们模仿老师的方式询问："今天你们有什么运动的故事想和大家分享吗？"小朋友们纷纷举手，兴奋地分享自己运动中的有趣经历。

通过这样的对比可以发现，由同伴主持的方式更能激发幼儿的兴趣。在这样的交流分享之后，孩子们都希望能有机会成为分享的小老师。在每个班级中，都有一两个所谓的"孩子王"。他们在运动交流分享中发挥着积极的辐射作用，有效促进了幼儿的积极表达。

（3）故事记录法

故事记录法是指教师鼓励幼儿在运动交流分享结束后，用绘画的形式记录下自己的运动故事。由于运动交流分享时间有限，不是每个幼儿都有机会表达自己的想法。因此，有些幼儿提出："我们可以像记录游戏故事一样，把运动故事记录下来。"幼儿通过绘画记录了他们运动中的快乐时刻、遇到的问题或值得赞扬的事情。基于幼儿的运动故事，教师与幼儿共同在教室里创设了"我的运动故事"展示墙，让幼儿成为运动分享的主角。

2. 分享什么——"关键性"支持

（1）运动品质的培养

在分享交流时，教师应注重幼儿的整体发展，同时关注运动能力和兴趣的培养，并重视运动品质的提升。教师可鼓励幼儿自主评价，通过引导评价的过程，加深对幼儿的了解。这种方法有助于培养幼儿勇于运动的精神，逐步建立敢于挑战、不畏困难、开朗自信、团结协作的运动品质。

（2）运动行为的关注

在评价幼儿当天的运动行为时，应观察每个幼儿的活动情况。教师可以就运动中观察到的具体情况与幼儿深入讨论，例如运动安全、运动后的材料整理或幼儿间的友好合作等。

（3）运动创新的引导

除了关注运动品质和行为，教师还应注意幼儿在运动中的创新。例如，如果某个幼儿在运动中发明了新的玩法，教师可以邀请他向其他幼儿介绍自己的创新玩法。这不仅激发了其他幼儿探索新玩法的兴趣，也给了该幼儿一个展示和表达自己的机会。同时，及时有效的分享也是同伴间互相学习的好机会，可以将个体经验提升为集体经验。

当然，一次分享并不能解决运动中的所有问题。教师需要抓住重点，有针对性地进行分享，以达到提升幼儿经验的目的。分享交流的内容可以非常多样，教师应从多角度挖掘幼儿的亮点，促进幼儿的全面发展。

3. 怎么分享

（1）"情景式"支持

由于幼儿的思维主要以具体形象为主，教师可以采用多样的"情景式"演示方式，以吸引幼儿的注意力并促进其观察能力的发展。

① 实物演示法

实物演示法是通过幼儿亲自演示如何操作运动器械或材料，直观地拓展幼儿运动经验的一种方式。这种方法能给幼儿带来直观的感受，并充分调动幼儿的主动性。

例如，在大班的"翻山越岭"运动区域中，教师注意到爬竹竿区域的参与度相对较低。因此，在运动分享环节，教师专门就爬竹竿的技巧开展了讨论。

教师："我发现今天爬竹竿的地方人不多，是不是大家觉得爬竹竿有些困难？但我注意到有人爬了上去，谁做到了呢？"

（宸宸举手）

教师："宸宸，你是如何爬上去的？"

宸宸："我今天是用两只手紧抓竹竿，双手和双脚交替向上爬的。"

教师："'双手紧抓'是宸宸爬竹竿的方法。那除了宸宸，还有谁尝试过爬竹竿？"

（徐徐举手）

教师："徐徐，你成功爬上去了吗？你用的是什么方法？"

徐徐："我爬竹竿时，用双脚紧夹住竹竿，手脚协同向上蹬。"

教师："那么，双手紧抓和脚紧夹是什么样的？你们想看看吗？宸宸和徐徐，能给我们演示一下吗？"

（宸宸和徐徐进行演示）

幼儿们围绕竹竿，仔细观察两人爬竹竿的技巧和方法，纷纷表示也想尝试。

幼儿在语言表达和理解能力上存在差异，因此，通过现场演示，语言描述变得更加直观。当幼儿在口头分享爬竹竿的方法后，再直接展示爬竹竿的过程，让同伴们可以真切感受到，只要掌握正确的方法，爬竹竿并非难事。

② 游戏体验法

游戏体验法是一种让幼儿通过互动和运动器械体验运动游戏的方式。以"翻山越岭"活动中的轮胎游戏为例，多数幼儿在运动过程中未充分探索这一材料。为了促进幼儿的探索和体验，交流分享环节中，教师邀请幼儿体验轮胎游戏。这个活动包括了从一个人到两人共同玩轮胎，以及从上轮胎开始，让轮胎滚动，再到下轮胎的整个过程。这些活动对幼儿来说都是新颖的体验，有助于拓宽他们对运动游戏的认识和参与。

③ 多媒体回顾法

多媒体回顾法是教师利用多媒体设备，如展示幼儿运动过程中记录的图片和视频，帮助幼儿回顾他们的运动行为，并引导他们进行观察和基于事实的评价。例如，在"翻山越岭"游戏中，上轮胎对幼儿来说是个挑战。教师拍摄了幼儿爬上轮胎的视频，包括成功和失败的尝试。通过观看视频，幼儿注意到了爬轮胎时不同的方法带来的不同结果：正面爬上轮胎的幼儿使得轮胎跟随其动作滚动，而从侧面爬上轮胎的幼儿则没有造成轮胎的运动。通过观察和比较，幼儿认识到从侧面爬上轮胎更安全。多媒体工具的使用为幼儿提供了有效的运动回顾和学习机会。

（2）"问题链"支持

在运动交流分享中，教师和幼儿共同启动讨论，幼儿分享他们在运动中的体会或遇到的问题。教师作为幼儿间对话的桥梁，需要给予幼儿更多机会与同伴进行对话。通过采用不同的提问方式，可以实现多样的教学目标，帮助幼儿回顾过去的经验或以新的方式进行思考。

表 7-2 "问题链"式交流分享表

提问类型	作　用	举　例
回忆性提问	回忆已有经验，联系新的内容与已知经验的关系，思考两者之间的关联	1. 你以前是怎么玩的？你今天是怎么玩的？ 2. 昨天朋友给你的建议或方法，今天你去尝试了吗？ 3. 生活中你还在哪里见过或玩过 ××
启发性提问	根据幼儿的分享，教师及时捕捉分享价值点并追问（面向全体发散提问）	1. 你发现了什么？ 2. 听了他的分享，你有什么想法或方法？ 3. 如果下次你再来玩，你有什么计划
评价性提问	鼓励幼儿对自己或他人的运动进行评价	1. 今天你运动得怎么样？想给自己一颗什么星？ 2. 听了他的分享，你想给谁点赞？为什么？ 3. 这样的方法你们觉得如何

在户外运动的交流分享中，幼儿是核心主体。教师需要积极引导幼儿围绕运动材料、玩法及运动中遇到的问题展开讨论。这种方法不仅有助于提升幼儿的运动能力，而且能在交流中增强幼儿的语言表达能力、问题解决能力和创造力，从而全面促进幼儿的综合发展。通过"问题链"支持，教师能更有效地维持幼儿的参与积极性，同时提供一个丰富、互动的学习环境，保

障幼儿的全面成长。

——执教与设计：蒋陈洁

二、数据支持下体弱儿的个性化指导

在数据支持下对体弱幼儿进行个性化指导时，我园通过幼儿佩戴的智能手环记录情绪、心率、卡路里、步数等数据，为教师们提供了科学的参考依据。这些数据使我们能够有针对性地观察并指导孩子，满足他们个性化发展的需求。

以"森林大闯关"活动为例，基于手环数据对我班体弱幼儿一一进行观察与指导时，我的一些做法与思考如下：

（一）数据，诱发观察

在 3 月 6 日、7 日、8 日连续三天的"森林大闯关"活动中，我们注意到一一的心率数据。通过手环记录的数据，我们发现一一的心率持续低于班级平均水平。一一的心率波动不大，最低值与最高值相差约 20。

通过对比，我们还查看了班级中另一名体弱幼儿潇潇的数据。这使我产生了疑问：为什么在同一户外区域运动中，同样体弱的幼儿潇潇的运动强度似乎适中，而一一的运动强度则一直不够呢？

所以，利用智能手环等现代技术手段，我们可以更加精确地了解每个幼儿的运动状况，从而为他们提供更加个性化和有效的教育指导。

（二）数据 + 观察，科学归因

基于这些数据，我首先测量了一一的基础数据，发现其心率约为 108 次 / 分；随后，我在活动前将他的运动预警设置为：心率大于等于 130 次 / 分或小于等于 90 次 / 分时发出红色预警。然后，我开始了对一一的定点观察，以了解其运动量不达标的原因。

运动开始后，一一与其他孩子一同在场地上自由摆放木板和网架，组合成一条既可爬又可走的道路。我观察到他在该道路上攀爬了两圈，每圈耗时约 4 至 5 分钟。接着，他去玩了一会儿"打怪兽"游戏。最后，他又回到攀爬道路上继续活动。整个过程的记录如下。

表 7-3　幼儿运动观察记录表

时间	生 理 情 况		活 动 情 况	
	手环数据 （心率：次 / 分）	身体特征 （汗量、面色、呼吸等）	运动内容	运动状态
8:15 ～ 8:18	100	无汗、面白、呼气平稳	摆放场地	积极主动
8:18 ～ 8:22	112	无汗、面白、呼气平稳	攀爬第一圈	认真专注
8:22 ～ 8:26	119	无汗、后背微热	攀爬第二圈	开心享受
8:26 ～ 8:34	132	后背出汗、面色红润、 呼吸稍急	打怪兽（投掷 + 捡球）	投掷多次没中后停留 在不断捡球的状态中
8:34 ～ 8:45	120	后背出汗、面色红润、 呼吸平稳	继续攀爬两圈	满足于现状

在定点观察中，我们有两个重要的发现：

1. 同一区域内，不同的运动内容导致运动强度有所不同

不同运动项目的运动量各异。例如，跑、跳、攀等动作的强度较大，而走、爬等动作的强度则相对较小。——在玩打怪兽游戏时，虽然总是无法击中怪兽，但他不停地捡球和奔跑。此时他的背部有汗迹，脸色红润，呼吸急促，心率亦是最高。这表明，打怪兽游戏的运动量大于攀爬网架。

2. 同一区域内，不同的运动内容导致运动状态有所不同

——在攀爬时，表现出积极主动、专注的态度。但在打怪兽游戏中，他在击中两次后便停止继续玩，而是返回去攀爬网架。经过一对一交流，我了解到他觉得怪兽太高，难以击中，而攀爬网架则能够顺利通过。因此，在面对这两种运动内容时，他表现出截然不同的态度。

（三）基于数据与观察的个性化指导

在——心率未达标的背景下，我探索如何让——喜欢投掷活动。因此，结合手环数据和定点观察的内容，我为——设计了专属的个性化指导方案。

1. 组织分享交流，丰富运动经验

在分享交流中，一方面探讨投掷游戏的玩法，扩展幼儿的运动方式；另一方面，邀请幼儿展示自己击中怪兽的技巧，丰富投掷动作的经验。让——在分享交流过程中通过向同伴学习来了解打怪兽的各种方法，从而激发他参与游戏的积极情绪。

2. 成为运动玩伴，提高动作发展

鉴于——的投掷动作还处于初级阶段：下肢静态支撑，无腿部和躯干扭转动作，我就直接参与，作为同伴与他一起玩。在游戏过程中，我让——模仿我的动作，通过频繁练习，改善他的投掷技巧，让他意识到击中怪兽并非难事，从而增强他的自信。

3. 结合运动情境，实时语言激励

面对胆小内向的——，我们应当及时捕捉并鼓励他的每一点进步，哪怕微小。例如，"你的手臂真有力，球瞬间就被扔出去了"或"你像勇士一样勇敢"。

4. 调整运动环境，满足个性需求

材料方面：之前的投掷区域仅有单一质量和材质的小软球。现在，考虑到——的身体特点，我们增加了不同质量和材质的投掷物，如50克、80克沙包和带抓条的布质流行球。

任务方面：鉴于——的身高较同龄人矮，我们特别定制了一条较低的怪兽投掷线，以适应他的身高和手臂长度。

（四）个性化指导后的成效

1. 从被动到主动

在接下来两天的指导中，——明显变得更加积极。他能主动参与投掷游戏，享受与同伴和老师一起"打仗""打怪兽"的快乐时光，享受击中怪兽的成就感，以及奔跑捡球的乐趣。因此，这两天的手环数据显示，他的心率和步数都有显著提升，心率保持在约130次/分，确保了运动的强度和量。

2. 从害怕到勇敢

——从最初的不愿尝试到后来的主动参与，表现出了显著的进步。在意识到——的畏惧

心理后，我们并没有简单地不断鼓励他勇敢尝试，而是遵循尊重和理解幼儿的原则，调整了任务难度。任务简化后，一一在不断尝试中成功击中怪兽，获得了成就感，逐渐克服了对投掷的畏惧。

3. 从落后到进步

根据《3～6岁儿童学习与发展指南》，4～5岁幼儿通常能单手将沙包投掷至4米左右。虽然一一的投掷距离仅约2米，略落后于其他孩子，但他每天都在进步。他正逐步从初始的砍切式投掷动作转变为更为成熟的组块式投掷。

总结来说，有效的观察能让教师深入了解不同幼儿的运动状况。尽管运动手环数据为我们提供了科学的参考依据，但我们仍需结合幼儿在运动现场的状态、发展特点和个体差异来观察和评估他们的运动情况。同时，基于观察和合理解读手环数据，我们应有针对性地指导幼儿，调整环境和任务，以满足信息化时代个性化发展的需求。

——执教与设计：汪思思

第三节　班本化球类活动的创意设计

一、足球班本课程：乐在"球"中，"足"够精彩

足球运动具有团队协作和竞争的独特魅力，非常适合培养幼儿的良好品质。大班幼儿即将进入小学，他们拥有一定的生活经验和运动能力，正处于习惯和品质养成及运动能力提升的关键阶段。在大班幼儿教学中，将游戏、生活与足球运动有机融合，不仅有助于促进幼儿的身心健康发展，也有助于良好道德品质的培养。在设计大班幼儿足球班本课程时，教师可以从以下几个方面思考其本质内涵：

表7-4　大班幼儿足球班本课程设计思路表

设计维度	思考方向	本质内涵
基于足球班本课程游戏化	将足球运动和幼儿喜欢的游戏活动进行有机结合，实现乐在"球"中	感受足球运动魅力
基于足球班本课程运动素养发展	将足球运动和大班幼儿运动能力培养、健康行为培养、运动品质塑造融为一体	在足球玩乐中，促进幼儿体能发展和道德素养提升
基于幼儿身心健康成长发展	将足球运动中团队合作和跑、踢等动作进行融合	在足球运动中收获友谊、得到耐力、灵敏度、爆发力等身体素质的综合提升

（一）内容设计

足球班本课程的设计需要考虑其运动性和游戏性，结合幼儿的身心健康发展需求，多方面设计课程活动。涉及足球特性、历史、游戏等，以实现育体、育智、育心的目标。具体课程设计如下：

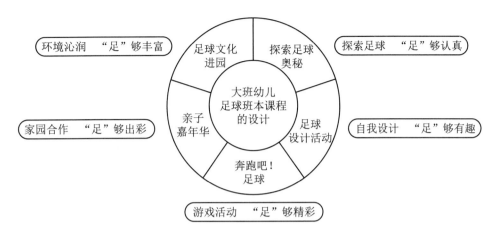

1. 环境沁润，"足"够丰富

环境对幼儿发展具有启迪和内驱力的价值。班本课程设计可从硬环境建设出发，通过创设足球运动环境和文化，激发幼儿探索和玩转足球的兴趣。让幼儿从足球的外形、规则、装备等多个视角出发，探索足球运动的奥秘。

2. 探索足球，"足"够认真

玩转足球的核心是让幼儿了解足球的发展历史和规则。因此，班本课程设计的第二站可以从探索足球出发，在课程中融入足球的发展史、实物观察、规则制定等，为大班组足球比赛活动的开展打下坚实的基础。

3. 自我设计，"足"够有趣

为了让幼儿爱上足球，成为优秀的小足球健儿，足球装备的设计至关重要。可以通过设计"足球——自我设计"的班本课程，引导幼儿和家长共同设计足球场地、装备、比赛口号等，感受运动的乐趣，培养积极、阳光的足球小选手。

4. 游戏活动，"足"够精彩

虽然大班幼儿具备一定的运动能力，但缺乏趣味游戏会降低他们对足球运动的兴趣。因此，设计足球班本课程时，可以从"奔跑吧——足球"的游戏活动出发，通过玩法创新、规则创新和过程创新，丰富足球运动的内容。

5. 家园合作，"足"够出彩

《3～6岁儿童学习与发展指南》及《幼儿园教育指导纲要》均强调了家长作为幼儿教师的重要合作伙伴，指出了家园合作的重要性。为了充分利用足球运动对幼儿成长的育教价值，可将足球活动拓展，形成"亲子足球嘉年华"家园共育课程。通过引导家长参与足球游戏，不仅可以丰富幼儿的课外生活，还能有效地促进幼儿身体的锻炼、心理的愉悦及社交能力的发展。

（二）实践策略

1. 足球文化进园，培育小球迷

环境的影响对幼儿的思想和情感培养至关重要，它能在不知不觉中引导幼儿自主探索足球文化。大班幼儿已对足球有一定的认识，并具备自主探究的能力，他们喜欢通过探究、分析和交流来得出结论。在足球运动的教学中，可以从足球文化进入校园开始，通过设计足球文化墙等活动，让幼儿感受足球的魅力。

【案例设计】

教师可以利用幼儿园内的走廊、操场、班级墙面等区域，引导幼儿设计与足球相关的文化内容。这些内容可以以专题形式呈现，让幼儿自主选择主题，并通过小组合作进行制作。例如，教师可以提供几个不同的板块供选择。

表 7-5　足球文化主题板块

足球文化主题	制　作　方　向	制　作　目　标
足球实物制作	制作多种多样的足球	从外形了解足球
足球装备展示	可以是绘画展示，也可以是图片搜集整理展览	形成特色足球团队，认识团队精神的重要性
足球规则分析	用绘画讲解足球规则，或者对比违规动作和良性竞争的视频，并形成足球规则画册	自觉遵守规则，培养良性竞争比赛意识
足球玩法展示	/	/

幼儿可以根据这些板块的直观展示，选择不同主题，以小组合作的形式进行制作，在园内的走廊、操场、室内墙面等地方张贴与足球文化相关的知识。这样的做法不仅丰富了幼儿园足球运动文化的场景，而且利用环境激发幼儿对足球运动的内在兴趣，使幼儿从多个角度感受足球的魅力。

2. 说足球玩足球，探索球史

与小班和中班幼儿的教学相比，大班幼儿的足球班本课程设计应更为全面，涵盖足球运动规则、发展史、比赛方式及团队精神培养等各个方面，以全方位引导幼儿，实现提升其身心健康素质的教学目标。为帮助幼儿在足球赛中尽情释放自我、享受比赛的快乐，我们可以从谈论足球和玩足球开始，通过探索球史和分析足球玩法来增强他们的运动热情。

【案例设计】

在开展户外足球活动时，可以先举办一场趣味盎然的谈论足球的活动，让幼儿分享他们对足球史的了解和足球玩法的看法，例如：

"足球以前被称为蹴鞠。"

"要努力把球踢进对方球门，踢球时不能用手触碰球。"

通过球史的交流，让幼儿对足球的规则和发展有更深入的理解。在讨论足球玩法时，可以让幼儿以小组为单位，演示他们的玩法，或者提供笔和纸，让他们通过绘画、文字等形式介绍玩法。

玩法一：幼儿分为 3 组，两组面对面快速传球，另一组从中间快速穿过，努力避免被足球触碰。

玩法二：幼儿分组进行，每组 6 名幼儿手拉手前进，确保中间的足球不离开圆圈，将球运送到呼啦圈处即为胜利。

目标是锻炼幼儿的身体协调能力、持续的专注力、应急躲闪能力和身体控制能力。

通过这样的活动，幼儿不仅能在探索球史的过程中了解足球，还能创造出符合自己兴趣的足球游戏，从而加深对足球运动的喜爱。

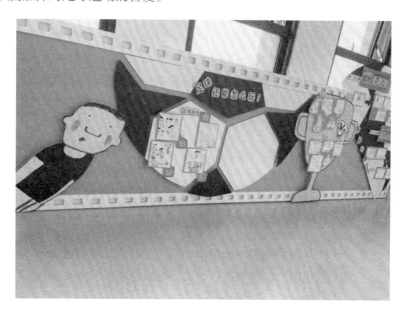

3. 足球制造活动，体验趣味

足球不仅是幼儿发展的首选运动，还能锻炼他们的审美能力、道德品质，并激发智力发展。为了让幼儿充分体验足球的趣味性，教师可以联合班级中的各个领域内容，设计"足球——自我设计"的创意活动，让足球的魅力在各个区域中得到充分展现。

【案例设计】

教师根据"自我设计"的理念，与不同的教学区域相结合，形成具有特色和个性化的足球

活动。

数数活动：数数足球上的黑白块。让幼儿设计并绘制足球，然后通过做标记、记录表格等多种方式，探索足球的黑白块数目及其形状，从而加强对数字的感知，提升对足球的认识。

艺术活动：小小设计师。引导幼儿设计足球的外形、比赛服装、运动鞋、袜子等装备，运用自己喜欢的形式进行创意。教师与家长沟通，为亲子足球嘉年华做好准备。

建构角：我们的足球场。鼓励幼儿使用积木构建足球比赛场景，结合足球运动规则和场地进行搭建。在设计、动手制作、交流的过程中，通过实践了解规则，对足球场有一个全面的认识，为大班组织的足球比赛打下基础。

阅读角：我们的足球故事。让幼儿结合自己参与足球游戏、运动、比赛的经历，制作成绘本故事，并与同伴分享，探索更多关于足球的小秘密。

通过这些多领域的活动，帮助幼儿深入探索足球，让他们充分体验足球运动的趣味性。

4. 大班组足球赛，玩转足球

足球竞赛是足球运动核心的一部分，通过足球赛，幼儿不仅能结交朋友，还能提升技能和运动能力，培养良好的团队协作精神。举办大班足球赛，不仅能提高幼儿的运动能力和运动品质，还能加强他们的团队意识。比赛可以围绕"奔跑吧——足球"游戏活动进行设计，具体如下：

【案例设计】

教师可以通过足球玩法创新、规则创新、过程创新来引导幼儿参与比赛。

玩法创新：足球接力赛。幼儿分成两队，每队成员依次排列，首位幼儿用脚带球绕过障碍物至指定位置射门。进球后，将球传给下一名队员继续。

过程创新：大班组各选出队长。在比赛中，在运球、传球过程中设置障碍物，球员必须绕过障碍物才能传球，这样的设置旨在提高幼儿的足球技能，增强比赛的趣味性。

规则创新：双方队员互为裁判。让队员们在比赛中观察对方的运动行为，比赛结束后，双方互相评分并指出对方的违规行为。这样的做法能让幼儿理解遵守规则的重要性，互相学习，共同成长。

通过这样的大班足球赛设计，不仅能提高幼儿对足球的认识，还激发了他们对足球的兴趣，增强其团队意识和竞争意识。

5. 亲子足球嘉年华，家园共育

足球运动不仅促进了同伴间的友谊，也是培养幼儿坚韧意志的有效途径，更重要的，它还是家园共育的桥梁。亲子足球嘉年华班本课程活动，可以让家长与幼儿一起参与足球运动，共同体验足球运动的独特魅力。

【案例设计】

在举办足球亲子嘉年华活动时，可以按照以下方法设计。

首先，以"亲子足球嘉年华"运动开幕场景设计为核心，制作足球主题海报。创设以"奔跑吧，孩子！"为主题的海报，在海报上展示足球、幼儿和家长的合影、签名、足球比赛装备等，营造浓厚的活动氛围。

其次，在家长中挑选发言人，为嘉年华的开场进行演讲，介绍各队的口号、精神、比赛规则等。

再次，比赛分为幼儿间的比赛和亲子家庭的比赛两部分。同时，家长和幼儿还可以组成啦啦队为比赛助威。

最后，比赛结束后，教师可以通过家校平台分享此次比赛的视频和感想，与家长交流，加强家园沟通。让这次亲子足球嘉年华成为加强亲情、锻炼体魄的有效途径。

足球是孩子们的好朋友。足球游戏不仅促进了同伴间的交流、合作、学习和团结，还能有效激发幼儿的运动兴趣，锻炼他们的抗挫能力。教师应重视足球与游戏、区域活动、家园共育之间的融合设计，以足球为载体，在参与足球运动和欢乐活动的过程中，助力幼儿身心健康成长。

——执教与设计：丁雨

二、篮球集体活动：皮球滚滚乐

幼小衔接是教育领域的一个重要议题，其专注于学前教育与小学教育之间的过渡与衔接。在这一过程中，体育活动作为一种关键的教育方式，对于促进幼儿的身心发展和积极意识培养扮演着至关重要的角色。篮球集体活动不仅为幼儿提供了进行身体锻炼的机会，还有助于培养他们的合作精神、团队意识和协调能力。在开展篮球活动时，我们需要遵循以下几个原则：

一是以幼小衔接为导向，充分考虑幼小衔接阶段的特点和需求。活动内容应既适合幼儿的能力水平，又能顺应小学教育的要求，目的是顺利过渡到小学体育教学。

二是促进幼儿的综合发展，包括身体、认知、情感和社交等多个方面的培养。在通过篮球集体活动培养幼儿的运动技能和协调能力的同时，应注重团队合作、沟通交流和竞争意识等综合素养的培养。

三是注重幼儿乐趣体验，确保幼儿在活动中体验到运动的快乐和成就感。创造一个积极、轻松、愉悦的活动氛围，激发幼儿的参与热情和兴趣，以促进他们对篮球运动的喜爱和持续参与。

下文以"皮球滚滚乐"为例，探讨如何有效地设计和实施大班篮球集体活动，以促进幼儿在体育方面的过渡与发展。

1. 基于幼小衔接目标，确定"滚滚"活动目标

（1）确定幼小衔接的目标

• 提高幼儿的身体协调性和灵活性，特别是手臂、手腕和手指的协同运动能力。

• 培养幼儿对篮球运动的兴趣和参与意愿，为其进入小学后的体育学习奠定基础。

（2）设定集体活动的目标

• 增强幼儿的团队合作意识，培养相互协作的能力。

• 培养幼儿在集体活动中遵守规则、尊重他人和公平竞争的品德。

（3）明确篮球技能的目标

• 让幼儿大胆尝试用手拨球行进，掌握基本的篮球控制技能。

• 提高幼儿对球的运动轨迹、速度和方向的感知能力。

• 培养幼儿的运球协作能力，包括传球和接球等基本技能。

让孩子快乐自由地
奔跑

2. 结合幼小衔接特点，设计"滚滚"活动内容

（1）确定集体活动形式——集体滚滚乐

活动前：运"西瓜"热身活动

- 在活动开始前，通过热身活动调动幼儿的身体和心理状态，以便更好地投入篮球集体活动。利用生动的语言和表情构建"西瓜地"的游戏情境，激发幼儿的兴趣和参与度。例如，描述绿油油的草地上的西瓜，以引发幼儿的想象。
- 进行热身律动，配合活力十足的音乐，让幼儿跟随节奏做身体活动。例如，跳跃、踏步、摆臂等动作，帮助幼儿加速血液循环，预热肌肉和关节。

活动一：运"西瓜"

- 教师介绍游戏规则：用一只手控制篮球，使篮球一直贴着地面，不能离开地面。幼儿在指定直线上使用单手拨球行进。
- 设定起点和终点，增设时间限制，增加挑战性。

活动二：运"西瓜"过桥

- 设置长凳搭成的桥，幼儿用一只手控制篮球过桥。教师可变化桥的摆放方式，增加难度。
- 强调团队合作：两名幼儿手拉手同时拨球行进，相互配合协调动作。

活动三：滚"西瓜"过山洞

- 设置虚拟山洞（使用标志碟或其他道具），幼儿将篮球滚过山洞。
- 教师可变动山洞的位置和形状，设置时间限制，增加竞争性。

活动后：放松运动

- 进行放松活动，降低心率，放松身体。选择轻柔音乐，引导幼儿做放松运动，如伸展、屈膝、旋转等。
- 整理回收器材，培养幼儿的整理习惯，为接下来的课程或活动做好过渡。

通过这样的活动设计，可以有效地提高幼儿的身体协调性和灵活性，培养团队合作意识和篮球技能，同时也注重幼儿乐趣体验和参与感。这样的篮球集体活动不仅促进幼儿的体育技能发展，还有助于其情感、社交和认知等方面的全面成长。

（2）确定游戏比赛内容——滚滚乐挑战赛

比赛一：运球赛

- 设计：幼儿单手拨球，沿指定路线运球，尽快完成赛程。路线可变化为直线跑、曲线跑或障碍跑，根据幼儿能力适当调整。
- 形式：分为个人赛和团队赛。个人赛中幼儿依次比拼，团队赛则要求幼儿协作完成赛程。

比赛二：投篮比赛

- 设计：幼儿站在指定位置尝试投篮。设置不同的投篮距离和难度，根据幼儿能力适度调整。
- 规则：设定时间限制或投篮次数限制，幼儿需要在规定时间或次数内投进尽可能多的篮球。可设不同得分区域，根据球落地位置给分。

比赛三：传球比赛

- 设计：幼儿在规定区域内传球，目标是尽量多地传给队友。
- 规则：设定传球次数限制或时间限制，鼓励团队合作和快速传球。分为个人赛和团队赛，个人赛中幼儿依次传球，团队赛则要求在限定时间内完成尽可能多的传球次数。

比赛规则和评判方式

- 每项比赛设定具体规则和评判标准，如完成时间、投篮命中率、传球次数等。
- 根据实际情况设定奖励和奖项，如"最佳运球手""最佳投篮手""最佳传球手"等。
- 评判由教师或其他成年人负责，记录每个幼儿的成绩，并进行排名和表彰。

3. 考虑幼小衔接要求，准备"滚滚"资源

（1）准备篮球集体活动的场地

- 选择场地：宜选宽敞的室内体育馆、社区运动场所或幼儿园户外操场等地点作为活动场地。确保场地平整，无障碍物，提供足够空间供幼儿活动和奔跑。
- 室内场地要求：需要确保天花板高度足够，避免投篮受限。

（2）准备足够篮球运动的设施

- 篮球：根据幼儿年龄和身高，选择适宜大小的篮球，确保每个幼儿都有球可用。
- 篮球架/篮筐：准备适宜高度的篮球架或篮筐，确保其稳固且可调节高度，适应不同幼儿的身高和技能水平。

（3）准备安全的场地保障设置

- 安全检查：对场地进行全面安全检查，清除潜在危险物品或障碍物。确保地面平整无杂物，防止幼儿摔倒或绊倒。
- 边界标志：设立明确的边界标志或线条，限定活动范围，防止越界或碰撞。
- 安全护具：准备必要的安全护具，如头盔、护膝、护肘等，提供幼儿必要保护。
- 密切监督：活动过程中教师应密切关注幼儿安全，及时进行指导和干预。

4. 提高幼小衔接效果，实施"滚滚"活动

（1）教师进行"滚滚"组织与指导

- 组织安排：教师在活动开始前向幼儿清晰介绍活动规则和目标，确保幼儿了解活动流程和要求。
- 示范指导：通过示范动作和口头说明，帮助幼儿理解掌握正确技巧和动作要领。模仿幼儿动作，提供积极反馈和鼓励。
- 个别辅导与差异化指导：根据幼儿实际水平和需要，进行个别指导，帮助幼儿克服困难，提高技能水平。调整教学策略和难度，确保每个幼儿参与和成功体验。
- 提供积极反馈和激励：及时给予幼儿积极反馈和激励，鼓励幼儿坚持努力和尝试，培养自信心和积极性。

（2）幼儿进行"滚滚"小组与合作

- 小组分工合作：分组进行，每组有明确任务和分工，如运球、投篮、传球等。鼓励小组成员互助合作，培养合作意识和团队精神。
- 组内互助支持、分享经验：幼儿互相帮助解决问题，共同探讨改进方法，促进彼此学习和进步。
- 公平竞争、友好互动：在比赛环节中，鼓励小组间进行友好竞争，通过公平比赛规则和评判标准，激发竞争意识和团队合作意识。设立奖项和奖励，让幼儿在竞争中体验成功。

5. 注重幼小衔接评价，总结"滚滚"价值

（1）根据幼儿表现，评估活动效果

- 发展运动技能：通过"滚滚"活动，幼儿锻炼和提升篮球运动的基本技能，培养运动协调性、灵活性和控球能力，为小学阶段更复杂的篮球运动奠定基础。

- 培养幼儿团队合作意识：在小组合作中，幼儿学习相互协作、支持和帮助，发展团队合作意识和能力。幼儿学会与他人协作，通过竞争与合作提升团队水平。

- 增强体育运动自信心：参与"滚滚"活动使幼儿获得成功经验和成就感，培养自信心和积极心态。幼儿学习勇于尝试、面对挑战和接受失败，从而不断提升自我。

（2）根据教育价值，提出改进建议

- 活动内容设计：考虑幼小衔接要求，设计符合幼儿特点和小学要求的活动内容和任务，更好地实现幼小衔接目标。

- 丰富活动形式：在"滚滚"活动中增加多样的游戏和比赛形式，激发幼儿兴趣和参与度。同时，扩展活动内容，涵盖更多技能和技术要求。

- 加强评估和反思：强化幼儿的评估和反思环节，全面了解幼儿表现和需求。鼓励幼儿参与反思和总结，提供表达意见和建议的机会，促进主动学习和自我发展。

综合来看，在运动课程设计中，重视幼小衔接的要求，通过创造游戏情境、调整场地布局和引入自主性评价，有效提高了幼小衔接的效果。未来的课程优化和实践中，应探索更多幼小衔接活动形式和内容，以满足幼儿的需求和促进其发展。

——执教与设计：张纯瑜

下 篇

运动故事
—— "全天候"运动的研究成果

CHAPTER 08
第八章 "全天候"运动研究成效

"全天候"运动自实施以来，我园幼儿在各项体能发展上取得了进步，同时形成了良好的品质和运动习惯；教师在实践探索过程中，不断对现有课程资源与内容进行打磨和探究，体现"一条主线"（全天候运动）、"两个中心"（科学运动与快乐成长）的主干特征的同时，专业能力不断有所提高；园区运动资源不断挖掘，运动本土化特征愈加凸显，有效促进了幼儿园的内涵式发展。

第一节 在运动实施上促进幼儿健康成长

"全天候"运动的有效实施，不仅促进了幼儿身心健康发育，提高了运动能力，同时也激发了幼儿的运动主动性，并促成了幼儿团结互助、大胆勇敢、克服困难和合作交往等良好运动品质的形成。

一、运动兴趣持续提升

兴趣是孩子最好的老师。运动兴趣包括运动热情、运动参与和运动创新。对幼儿而言，材料是激发运动兴趣的关键。在研究过程中，教师投放了多种低结构运动材料。幼儿可以在一日活动中有更多运动的机会。课程形式结合室内外、高低结构、运动与游戏，可以充分调动幼儿的运动兴趣，激发创新。户外运动中，幼儿可组合和重建不同材料，遇到问题时不断调整、更换材料并创造，勇于进取，在一次次尝试和错误中积累经验，体验运动带来的快乐。我们收集了教师针对小、中、大不同年龄阶段幼儿提升运动兴趣的个案观察，并运用个性化支持策略，形成了幼儿个案跟踪案例集。

二、运动能力不断提高

通过"全天候"运动实施，我们发现基于数据的个性化户外运动方案有效改善了班级幼儿的运动能力。

表 8-1　2022 届大班幼儿运动项目汇总表（期初）

	跳远（毫米）	吊环（秒）	蹦床（个）	趴地推球（个）	打地鼠（平均反应时间：秒）	十米折返跑（毫秒）
男生	701.84	17.35	75.41	56	1.64	8820
女生	723.63	21.43	70.62	60	1.59	8726
总计	713.06	19.43	72.94	58	1.61	8772

表 8-2　2022 届大班幼儿运动项目汇总表（期末）

	跳远（毫米）	吊环（秒）	蹦床（个）	趴地推球（个）	打地鼠（平均反应时间：秒）	十米折返跑（毫秒）
男生	844.43	27.39	85.41	67	1.50	7925
女生	849.12	34.9	84.13	73	1.53	8228
总计	846.84	31.22	84.75	70.68	1.51	8081

以 2022 届大班为例，幼儿在 E 运动活动室中期末运动项目的成绩显示，男生在蹦床、打地鼠、十米折返跑等项目上的成绩高于女生，但差距较小。与期初相比，期末男生在敏捷性和速度上提升较快，上肢力量、爆发力、耐力也有所进步。女生在跳远、吊环、趴地推球项目上成绩优于男生，特别是吊环，女生比男生多坚持 7 秒，这与大班女生的体重、坚持性、力量和动作有关。教师发现，大部分女生在体验吊环项目时会收起双腿，保持身体重心向上的动作状态，显示出女生掌握了悬垂动作的要领。

三、运动习惯与品质增强

《3～6 岁儿童学习与发展指南》提到，应帮助幼儿养成良好的生活习惯，提高自我保护能力，形成终身受益的生活能力和文明生活方式。随着时代发展，人们对健康生活和生活品质的要求越来越高。在"全天候"运动课程的滋养下，幼儿对运动中的生活习惯、安全行为和运动品质有了更深入的认识。

《上海市幼儿园幼小衔接活动指导意见》指出，大班幼儿应具备自我评价和自我调节的能力。运动手环的使用可以促进大班幼儿更好地实现这一目标。运动手环为幼儿的运动提供客观、可视化的数据，使幼儿在运动自我评价过程中能依据数据，更好地认识和接纳自我，并根据数据调整运动量，学会管理自我。

案例：运动分享会

新学期伊始，孩子们开始佩戴新式运动手环。他们对手环上的新图标和数字表现出浓厚兴趣，一到园便开始关注自己的心率。孩子们经常聚在一起讨论有关"手环"的话题。使用手环过程中，孩子们产生了许多疑问："为什么手环离心脏很远却能测出心率？""心率是如何测量的?"一些孩子在连续一周佩戴手环后发现,只要奔跑或跳跃,手环上的心率就会变化。他们还发现心率数字会增大或减小,而步数只会增加不会减少。在孩子们的相互问答中,手环逐渐成为了他们运动中的好伙伴。

表 8-3 幼儿发现记录表

幼儿发现 1	女孩萱萱在记录踢足球的运动感受和数据后发现,她踢足球时心率数字会比别人大
幼儿发现 2	男孩浩浩在记录自己打曲棍球的感受和数据后发现,他心跳很快并出汗。于是他拿了一块毛巾开始休息了
幼儿发现 3	女孩小鸥在记录和同伴打曲棍球的感受后发现,她的心率超过100。她出汗后就去喝水了

幼儿通过分享运动感受、倾听同伴关于运动手环数据的问题,开始逐渐关注手环显示的数字与自己运动之间的关联。从最初对数字不以为意,到后来逐渐关注并与同伴比较数字大小,孩子们在使用手环的过程中对心率、步数和卡路里等数据有了更深刻的感受和体会。运动手环帮助幼儿体验运动与身体变化之间的联系,使他们从被动接受教师的提醒才去休息或运动,转变为按照手环的提示主动调整自己的运动状态。

四、健康状况发展良好

在"全天候"运动课程的滋养下,幼儿在运动认知、运动习惯、安全保障等身体保健意识方面有了显著提升。他们能主动向老师和家长表达自己的身体健康状况,大班幼儿会根据手环数据尝试调节运动量,了解运动中的着装要求,认识到参加锻炼时的注意事项。家长们也欣喜地发现,幼儿的运动能力有所提升,参与运动活动的频率增高,体质较弱的儿童也有了明显的改善。

表 8-4 2020 至 2022 年度朱桥幼儿园幼儿身高体重记录表

编号	班级	总人数	消瘦人数	超重人数	轻度肥胖人数	中重度肥胖人数	体重超 P50 人数占比	身高超 P50 人数占比	备注
1	2020 年六一体检	456	29	47	17	6	46.63%	46.91%	
2	2021 年六一体检	439	26	44	20	7	45.37%	44.92%	
3	2022 年六一体检	439	29	34	14	8	49.20%	61.04%	
三年平均合计		444	28	42	17	7	47.07%	50.96%	
备 注	体重及身高以超过 50% 为符合《上海市优质幼儿园评估指标》								

我园在过去三年中幼儿身高体重的双超率保持较为稳定,2021 年的数据略有下降。2022 年,我们加强了家园互动,使更多家长了解运动对幼儿生长发育的益处,促使更多家庭爱上运动。数据提升迅速,明显超过前两年的身高体重率,这也证明了课程实施的有效性。

表 8-5　2020—2022 年度朱桥幼儿园体弱儿童统计表

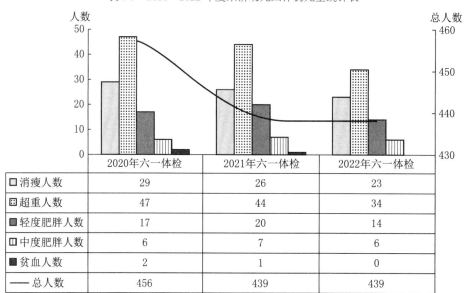

	2020年六一体检	2021年六一体检	2022年六一体检
□ 消瘦人数	29	26	23
▦ 超重人数	47	44	34
▨ 轻度肥胖人数	17	20	14
▥ 中度肥胖人数	6	7	6
■ 贫血人数	2	1	0
—— 总人数	456	439	439

我园的体弱儿童数据逐年下降，贫血儿童得到了明显改善。

案例："小胖墩"健康了

沐沐入园体检时被评为中重度肥胖。他的体重引起了保健医生的关注。通过与家长沟通，了解到沐沐出生时体重为 3700 克，父母体形匀称。孩子的肥胖可能与饮食习惯和运动量有关。沐沐在家吃饭较快，有挑食习惯，偏好肉类，不太爱吃蔬菜。此外，家中运动量少，运动时间短，通常一天约 2 小时，多为久坐看电视或玩游戏。沐沐的妈妈认为："男孩子胖乎乎的很可爱，没什么影响。"显然，家长对幼儿肥胖的影响认识不足，陪伴幼儿运动的次数极少。

在园内运动时，教师正确引导孩子，培养其喜欢运动的兴趣，并利用运动道具鼓励孩子积极参与各类有氧运动。例如，让肥胖幼儿参与足球、跑跳、跳绳等活动，适当增加活动量和负荷。运动时，利用电子手环等智能设备检测心率，以达到燃烧热量的目的。肥胖儿童在家中运动时，教师通过健康教育使家长正确认识孩子肥胖的程度及其危害，并倡导家长多陪伴孩子运动（可以增加一些高强度的运动，如跳绳、跑步、拍球等，同时注意适当延长运动时间）。经过三年的个案跟踪，沐沐的体重指标已从中重度肥胖回归正常。

第二节　在运动应用中支持教师专业发展

一、"幼儿发展优先"的理念不断落地

在"幼儿发展优先"的背景下，教师的专业能力直接决定了课程实施的质量。我们开展了以"幼儿发展优先"为主题的运动质量监控研究。通过制订幼儿运动发展水平观察量表、多形式记录幼儿活动表现、全面运用运动手环及数据解读等，完整展现了儿童观的转变。过程支持

中有效互动，幼儿户外运动中的自我评价能力的发展，推动了运动研训一体化的进程。教师不断调整与优化课程实施方案，提高了课程的高质量实施，并增强了专业自信。

案例：毕业徒步行

"老师，我们想来一场毕业旅行。"基于孩子们的想法，一次"徒步旅行"的项目化活动便开始了。在个别化时间里，孩子们开始商量制订徒步旅行小计划：目的地选择、路线设计、所需物品准备……

看看孩子们的计划吧！

阳光明媚的早晨，孩子们开始了"毕业徒步行"。两两结对或三五成群，他们迅速找到了"驴友"，带上装备出发了。

在整整1个小时的徒步中，孩子们时不时拿出手环比较步数，争做"徒步王"。有孩子感叹："不走不知道，一走吓一跳，原来我们幼儿园这么大，消耗了这么多卡路里，比昨天一天都多……"

活动后，孩子们回到教室，记录下了这次毕业前珍贵且意义深远的"徒步日记"。有的孩子自豪地说："我很厉害，我今天走了9471步！"有的孩子惊讶地说："原来幼儿园那么大，走一圈要这么久啊！""今天徒步时，我的心跳居然达到了149！"

在分享交流环节，悦悦感慨地说："原来运动手环里藏着这么多运动的秘密。多运动，消耗的卡路里就多；多走走，步数就增加。运动时心跳过快，我会感到喘，需要赶紧休息。我现在知道了解自己的运动状态很重要！"

（一）发现数据的"秘密"，实现运动自我管理

运动手环的数据可视化丰富了幼儿运动中的自我观察内容，包括步数、心率、运动状态、运动兴趣和运动消耗的热量，并将自我评价从教师的"任务"转变为幼儿可自我操作的内容。通过这些数据的记录，孩子们逐渐发现运动时的心跳速度、出汗程度与消耗掉的卡路里之间的关系，他们因而变得更乐于运动、善于运动。手环上的数据"会说话"，吸引了幼儿通过发现数据的"秘密"形成运动自我管理意识。教师在理解数据后，迭代教学技巧，这是上海学前教育数字化转型发展的一个缩影。在整个徒步活动中，孩子们在运动手环的指引下展现了遵守规则、协同合作、勇敢进取、顽强拼搏、坚持到底等多种运动品质，他们在主动体验的过程中表现得健康活泼并乐于大胆挑战，其身心健康也得到了全面和谐的发展。

（二）"全数据"支持的运动，实现教育"量身定制"

深受幼儿喜爱的运动手环展示了信息技术下科学育儿的新生态，为不同幼儿"量身定制"运动处方。例如，多多从小身体较弱，她的母亲担心她能否跟上其他孩子的运动技能。幼儿健康数据信息监测平台通过运动手环跟踪采集数据，显示多多在运动中的各项生理健康指标。不久，老师和多多的母亲在平台上查看到了多多的运动数据——平衡能力、投掷能力不错，但立定跳远、折返跑能力稍弱。随后，老师为多多量身定制了运动计划，建议从短板着手改进。周末时，多多的父母带她进行亲子游玩，刻意增加翻越大山、折返跑等运动。逐渐地，多多的欠缺能力得到了补强，下肢力量也增强了许多。

幼儿园有针对性的锻炼计划及家长运动建议，为家长选择运动时提供了明确的目标。平台上的数据展示了每个幼儿运动能力的差异和兴趣的不同，教师可以根据每个孩子的特点实现多

维度、综合性、过程性的分析与评价。这样的做法有助于诊断和改进保教工作，为幼儿提供个性化的教育方案。

（三）可视化的运动教育，实现科学观察评价

在运动中，我们发现教师对幼儿的运动负荷量关注不足。多数教师仍采用传统的监测方法，如通过观察出汗量、呼吸频率、脸色等来判断幼儿运动量的多少，在如何组织活动上未设计涉及运动负荷量的内容。在尝试使用运动手环后，教师对幼儿的管理变得更便捷。运动手环的使用突破了传统的纸笔观察记录的局限，能及时有效地为教师提供幼儿相应的运动信息，帮助其制订合理的运动规划，实现科学评估、动态调整和促进幼儿发展的目标。

二、基于儿童立场下观察与识别能力提升

"观察"是了解幼儿运动发展水平和教师专业成长中的重要环节。过去，由于缺乏相应的标准，青年教师的观察过程往往显得随意、单一，缺乏客观依据。现在，幼儿园参考《上海市幼儿园办园质量评价指南》，围绕"全天候"运动目标，不断运用并优化指标。这有助于教师更好地依据标准对不同年龄段幼儿的运动习惯、运动能力和运动品质进行客观记录和分析，并据此提供有效的支持策略。

（一）观察工具的设计和优化更聚焦课程目标

以户外区域活动"球球总动员"为例，我们根据《上海市幼儿园办园质量评价指南》中的动作要点，将观察表按照水平表现进行了细化。与原先仅关注幼儿运动能力不同，细化后的内容指向更为明确，涵盖了幼儿健康与体能、习惯与自理等方面。

表 8-6 "球球总动员"户外观察表

	子领域	水平表现1	水平表现2	水平表现3
身心状况	情绪安定愉快	能保持较稳定的情绪，哭闹的频率较低，且持续时间不长	经常保持愉快、稳定的情绪，能在较短时间内缓解消极情绪	经常保持愉快、稳定的情绪，能自我缓解消极情绪
1.健康与体能 动作发展	对运动感兴趣	来到运动场地或看到运动器械时能迅速投入活动	能用自己喜欢的运动器械锻炼身体	乐于尝试不同的运动器械做不同的动作
	具有一定的平衡能力，动作灵敏、协调	1.行走或跑动时能改变方向，避免与他人身体碰撞 2.能单手拍球，会双手往上方抛球 3.能原地站立，用脚推动静止的球	1.在跑动中能控制速度、方向，追逐或躲闪他人 2.能连续拍球和自抛自接球 3.踢球动作有力，能较准确地让球向目标位置移动	1.能躲避朝自己滚来的球等移动物体 2.能在行进中连续拍球 3.身体快速移动接近球后，能有力地将球踢出，且能基本控制球向目标位置移动

（续表）

	子领域	水平表现1	水平表现2	水平表现3
2.习惯与自理	生活习惯与能力	具有基本的生活自理能力和良好的生活与卫生习惯	得到提醒后，能在运动中喝水、擦汗、休息	知道运动热了可以喝水、擦汗、休息	关注自己的运动情况，运动中自主根据运动情况喝水、擦汗、休息
		具有基本的自我保护能力	/	运动和游戏时能主动躲避危险	运动和游戏时不给他人造成危险
3.自我与社会性	自我意识	知道自己和他人的不同，接纳自我	能向成人或同伴表达自己的需求、感受	活动中愿意倾听和接纳同伴的意见和建议	活动中能倾听和接纳同伴与自己不一样的意见，不同意时会表达自己的想法
		具有自尊、自信、自主的表现	乐意接受一些小任务	愿意尝试一定难度的活动和任务	敢于尝试有一定挑战性的任务，能设法完成自己接受的任务
	人际交往	愿意与人交往，能与同伴友好相处	与同伴发生冲突时，能听从成人劝解	知道轮流、分享，学会适当妥协，能在成人的帮助下和平解决与同伴之间的矛盾	有问题能询问别人，遇到困难能向他人寻求帮助
	社会适应	喜欢并适应群体生活	/	/	活动中能与同伴协商制订规则

（二）解读与识别能力更关注个体发展

"全天候"运动注重每一名幼儿的发展，针对个体幼儿的观察记录也体现了教师的专业成长。在以往个案记录的基础上，我们设计了专门针对个体幼儿的观察记录表。这类记录表的设计要素包括：观察对象，即某一幼儿的身体、运动能力数据等；记录方式，即文字描述；观察记录点，主要包括观察内容、幼儿行为实录、教师识别分析、教师支持策略跟进等。个体观察相较于整体观察，能够更清晰地罗列内容要素，便于教师有目的地记录、客观描述幼儿行为，以提高观察与评价的客观性和针对性。同时，教师可通过解读班级中体弱儿童的运动数据来支持他们的发展，从学期初开始，选择班级中的两名体弱儿童进行持续跟踪。利用文字、数据、图片、视频等方法记录他们在运动活动中的表现，并形成案例集。教师在撰写过程中用更全面的视角、科学的方法来解读幼儿，这极大地提升了教师的课程领导力，体现了课程助推教育教学的力量。

随着园内教科研氛围的日益浓厚，教师们的专业素养得到了显著提升。区级以上课题研究共有8个。教师积极参与各类刊物征文、投稿等，专业自信逐渐增强。目前，我园师资梯队成长成绩喜人，区、镇、园级骨干教师充分发挥了引领和辐射作用，家长、社会和同行的认可度高。教师的教学成就及外界的正向评价为他们带来了巨大的情感力量。教师在精进与收获中获得了价值认同和职业幸福感。

案例：教师观察记录

1. 室内运动

（1）玩水瓶

表 8-7 个体幼儿观察记录表（大班）

观察者：<u>沈晓婷</u>　观察时间：<u>5</u> 月 <u>22</u> 日　观察对象：<u>俊俊</u>

观察维度	观 察 记 录		
运动内容	趣味过障碍 8:10	趣味套圈 8:20	趣味击球乐 8:30
心率变化（次/分）	137	98	106
运动状态	面色：稍红 汗量：后背较多 呼吸：较快 精神：愉快	面色：正常 汗量：后背不多 呼吸：中速 精神：愉快	面色：正常 汗量：后背不多 呼吸：中速 精神：愉快
运动行为	• 用瓶子摆成两条障碍路 • 用跨跳、单脚跳、跨跑、大象爬等方式过障碍；以侧身走、后退走、单脚跳等方式绕S形过障碍 • 手持放有乒乓球的纸杯绕过障碍 • 两两合作，一起过障碍	• 将瓶子摆放在地上，摆成 3 或 4 排 • 每人选一种颜色的呼啦圈，数量为 5 个 • 用呼啦圈套瓶子，比谁套得多	• 两名孩子手持瓶子，在桌面互相击打小球，不让小球掉落到地上
分　析	1. **运动兴趣浓厚，积极性高** 　在运动过程中，幼儿多次尝试用不同方式过障碍，表现出高度的专注和投入，并乐在其中。这表明孩子们的运动兴趣十分浓厚，积极性也非常高。 　2. **有一定的创造性** 　幼儿在过障碍的过程中尝试采用多种不同方式，例如走（绕S形走、倒着走、侧身走、绕圈走），跨（朝前跨、侧身跨）和跳（双脚跳、单脚跳），并结合辅助材料创造新的玩法，如手持放置乒乓球的纸杯行走（这表明在运动过程中，幼儿展现出了一定的创造性）。 　3. **有一定的合作能力** 　在过障碍时，幼儿常两两合作，他们会一起讨论使用哪种方法合作过障碍更有趣或更易成功，并进行积极尝试，体现出孩子们的合作交往能力。 　4. **有较强的规则意识** 　在玩套圈游戏时，三个女孩会商讨比赛规则，例如每人选同样数量、同一颜色的呼啦圈进行比赛；套中第一排瓶子得 1 分，第二排得 2 分。比赛过程中，大家能自觉遵守规则。 　从运动手环的数据变化和幼儿的状态来看，孩子们在玩趣味过障碍的过程中运动量较大，心率超过 130 次/分。而在玩套圈和击球乐的过程中，心率相对较低，运动量相对较小

（2）球球乐

表 8-8　个体幼儿观察记录表（中班）

观察者：__王梦倩__　　观察时间：__6__月__5__日　　观察对象：__翰翰__

观察维度	观 察 记 录			
运动内容	营救娃娃 9:30	划小船 9:40	跨圈圈走 9:50	解除障碍 10:00
心率变化 （次/分）	108	116	120	138
运动状态	面色：正常 汗量：无 呼吸：中速 精神：愉快	面色：稍红 汗量：后背不多 呼吸：中速 精神：愉快	面色：稍红 汗量：后背较多 呼吸：中速 精神：愉快	面色：稍红 汗量：后背较多 呼吸：较快 精神：愉快
运动行为	• 一只手抱娃娃，另一只手抓紧扶杆，平稳渡过荡桥	• 与同伴约定一起跨坐在荡桥上	• 放置呼啦圈障碍 • 双手抓紧扶杆，平稳跨过呼啦圈，通过荡桥	• 和同伴一起创设障碍、放置小球 • 双手抓紧扶杆，在过荡桥的过程中踢到小球
分　析	1. 运动兴趣浓厚 　　幼儿表现出高涨的运动热情，喜欢与同伴一起运动，探索荡桥的多种玩法。在运动中，他积极参与并与同伴进行频繁的语言交流。 　　2. 幼儿运动能力强 　　在过荡桥的过程中，幼儿能够双手紧握，保持平衡的同时尝试其他动作，例如抱娃娃、踢小球。这表明他们的上肢力量以及身体的灵活性、协调性和平衡性较强。 　　从运动手环数据变化来看，幼儿在跨圈圈走和解除障碍的过程中心率较高，分别达到了120次/分和138次/分。跨圈圈走时，幼儿不断变换行走方式，如跨走、挪步走，同时积极运用上肢；在解除障碍时，幼儿需保持平衡并抬腿踢球，这对上下肢力量和平衡能力是极大的考验，因此这两项活动的运动量较大，心率也相应较高。结合教师对幼儿运动中的面色、出汗量、呼吸和精神状态的观察，可见幼儿的运动量达到了标准。 　　3. 运动习惯与品质 　　幼儿表现出良好的帮助同伴的品质。当有同伴因抱娃娃而无法过荡桥或呼啦圈掉落时，他会与其他同伴一同主动帮助他人，体现了幼儿之间的互帮互助品质。 　　此外，他的规则意识也非常强，在过荡桥的过程中能够有序排队、不争抢、不推挤			
下一步计划	1. 持续观察 观察幼儿在其他运动区域中的运动行为，从而更加全面地了解幼儿的运动能力。 2. 经验分享 有的幼儿会在运动中形成创意玩法。教师可以让他邀请其他幼儿一起参与，集思广益，创造出更多有趣的玩法。 3. 关注幼儿运动中的生活习惯 幼儿在运动中玩得十分投入时，会忘记脱衣服、擦汗或休息，教师需要多加关注和提醒			

（3）趣味拍球

表8-9　个体幼儿观察记录表（小班）

观察者：<u>汤倩影</u>　　观察时间：<u>6</u>月<u>2</u>日　　观察对象：<u>胤胤</u>

观察维度	观 察 记 录			
运动内容	单手拍球 8:15	双手拍球 8:20	单膝跪地拍球 8:25	合作拍球 8:30
心率变化（次/分）	90	92	100	101
运动状态	面色：正常 汗量：无 呼吸：中速 精神：愉快	面色：稍红 汗量：后背不多 呼吸：较快 精神：愉快	面色：稍红 汗量：后背较多 呼吸：中速 精神：愉快	面色：稍红 汗量：后背较多 呼吸：中速 精神：愉快
运动行为	• 两脚左右分开，双膝微屈，左手放背后，右手用力向下拍球，篮球反弹高度至腹部。有节奏地拍球	• 两脚左右分开，双膝微屈，右手将球运给左手，左手将球运给右手。有速度地拍球	• 两脚前后分开，右脚跪下，左手放背后，用右手拍球，左右轮换。不能让球滚落	• 幼儿两两结对，两人拉开距离，一幼儿拍完球后抛球，另一幼儿接住并开始连续拍球。循环进行
分　析	1. 幼儿兴趣高涨 　　在拍球活动中，幼儿可以选择自己喜欢的方式来拍。球在幼儿手中变化多端。他们对拍球技能有了一定的掌握，并能在连续拍球中创造出不同的玩法。 　　2. 运动习惯与品质 　　当幼儿在拍球过程中遇到难以连续拍球或无法按照既定玩法拍球等挑战时，他们表现出了良好的帮助同伴的品质。他们能够协助朋友找到正确的拍球技巧。尽管有时所提供的方法可能不够准确（可能与个人手部控制力有关），但这种互助精神值得肯定。因此，教师需要根据幼儿的具体情况，提供针对性的指导，帮助他们改进技能，培养正确的运动习惯			
下一步计划	1. 加入情境，增加趣味 　　可以设置一些富有游戏情节的竞赛，以增加游戏的趣味性以及帮助幼儿在拍球困难时找到站立的诀窍和平衡的方法。 　　2. 有所选择，给予支持 　　拍球属于"球球乐"区域里的非必选运动。可以拍摄幼儿用不同拍球方式的成功过程并分享给幼儿，以鼓励幼儿下次可以自主选择和尝试			

2. 室外运动

（1）球球总动员

表8-10　个体幼儿观察记录表（大班）

观察者：<u>褚哲民</u>　　观察时间：<u>6</u> 月 <u>2</u> 日　　观察对象：<u>森森</u>

观察维度	观 察 记 录			
运动内容	足球比赛 8:10	足球比赛 8:20	足球比赛 8:30	足球比赛 8:40
心率变化（次/分）	106	117	138	126
运动状态	面色：稍红 汗量：略微出汗 呼吸：中速 精神：愉快	面色：稍红 汗量：全身出汗 呼吸：较快 精神：愉快	面色：通红 汗量：全身出汗较多 呼吸：快速 精神：愉快	面色：很红 汗量：大量出汗 呼吸：快速 精神：愉快
运动行为	• 每球必抢，并且出现多次短距离快速跑动	• 全场飞奔，多次尝试主动地带球过人和射门，并能快速奔跑	• 多次全场来回纵向奔跑，并且持续地出现过人、射门的动作	• 大口喘气，出现原地停留休息的情况
分　析	1. 幼儿运动情绪高涨 　　在足球比赛中，森森展现出极高的运动热情。他不断来回冲刺，并且主动积极地向同伴索球，展示出带球突破和射门等运动行为。即使未能射进球门，森森依然能够继续拼抢球。当同伴射门得分时，他能为其进球大声喝彩。在整个 30 分钟的运动时间里，森森始终保持着持续的运动热情，积极参与球类比赛，即便在炎热的环境下也是如此。 　　2. 幼儿具有团队意识 　　森森通过场上积极的沟通与同伴建立了良好的社交关系。在传球时，他能够呼喊队友的名字，并在防守时主动帮助同伴。通过互相传球、呼喊和鼓励，同伴间形成了浓厚的集体团队感。在同伴摔倒时，森森会主动上前安慰，并在得到回答后继续比赛。 　　3. 幼儿自主意识有所提升 　　佩戴运动手环后，森森能够自主观察手环上的数据，包括心率和步数。他发现运动一段时间后心率持续上升，因此会主动寻找队长暂停比赛，并开始饮水、擦汗和原地休息。这表明，运动手环的使用帮助森森增强了其自主意识和自我管理能力			
下一步计划	1. 积极利用分享交流 　　利用分享交流的时间，邀请森森说一说自己在足球场上的感受，包括运动兴趣、运动过程中的自我评价以及运动时发现的问题，并通过生生互动和师幼互动的方式使所有幼儿都能参与运动的分享交流中。 　　2. 鼓励不会踢球的幼儿也能积极参与 　　教师积极鼓励那些不擅长踢球的幼儿大胆参与球类运动，并邀请同伴们互相协助，一起进行运动。这样的做法不仅加深了同伴之间的情谊，还为更多幼儿提供了参与球类活动的机会。通过这种互助合作的方式，幼儿能在轻松愉快的氛围中学习新技能，增强团队合作意识，同时提升运动技能和社交能力			

（2）滑竿

表8-11　个体幼儿观察记录表（中班）

观察者：<u>赵佳英</u>　　　观察时间：<u>6</u>月<u>6</u>日　　　观察对象：<u>尘尘</u>

观察维度	观 察 记 录	
运动内容	上坡跳跃击打风铃 8:15	滑竿滑落 8:20
心率变化 （次/分）	101	103
运动状态	面色：正常 汗量：无 呼吸：中速 精神：愉快	面色：稍红 汗量：后背不多 呼吸：较快 精神：愉快
运动行为	• 上坡后，在平台上跳起拍打风铃	• 双手环抱滑竿、双腿夹紧竿子，转身后从滑竿顶端滑落
分　析	**1. 在尝试中焕发运动力** 　　尘尘想要从滑竿上滑下来，但刚开始他不知道如何摆放双手和双脚，对竹竿的高度也感到害怕。在教师和同伴的指导与激励下，他开始慢慢尝试，并逐渐克服了恐惧，最终缓缓地从滑竿上滑了下来。这一从"不会"到"会"的过程不仅展现了他对动作技能的学习与掌握，也体现了他运动能力的逐步提升。 　　**2. 在支持中引发学习力** 　　在学习滑竿动作时，尘尘采取了"寻求帮助""观察模仿"和"听取建议"等方式。他在教师和同伴的支持下，通过不同的方法解决了"如何从滑竿上滑下"的难题，并多次体验了滑竿的动作要领。 　　**3. 在挑战中激发意志力** 　　尘尘共进行了四次挑战。尽管在前三次尝试中反复遇到挫折，但是他并没有放弃，也没有选择简单的下滑方式，而是继续挑战。通过不断的自我尝试，他最终掌握了动作要领，体验了成功的喜悦，同时增强了在运动中的自信心	
下一步计划	**1. 基于幼儿需求的等待与介入** 　　在整个运动过程中，教师专注于观察幼儿的运动情况，给予尊重和支持。在尘尘尝试滑竿时，教师并未立即介入，而是给予他时间去思考如何从竹竿上滑下，同时在一旁确保他的安全。当尘尘主动寻求帮助时，教师再用语言鼓励和指导双脚的摆放方式，让尘尘在感到安全的同时，也体验到滑竿的动作要领。 　　**2. 基于个体差异的支持与指导** 　　探究尘尘在滑竿时遇到的困难，我从他的运动经验和运动水平两方面进行分析。首先，这是他第一次尝试滑竿，因此对基本动作要领"抓、夹、转、放"并不熟悉，加上竿距离地面有一定高度，心理压力使他最初不敢双脚同时离开平台。其次，由于运动能力较弱，他的上肢和下肢力量都不足，这也是他在了解下滑方式后，仍然无法平稳下滑的原因。 　　结合以上分析，可采取以下策略进行调整：首先，增加垫子的高度，缩短平台与地面之间的距离，以减轻他对竹竿高度的心理压力。在他完全掌握滑竿动作后，再逐渐降低垫子的高度。其次，充分利用园内的运动设备，如行走在由宽到窄的平衡木上、攀爬斜度逐渐增大的攀爬网等，以促进其上肢和下肢能力的发展	

（3）玩梅花桩

表8-12　个体幼儿观察记录表（小班）

观察者：<u>苏梅娟</u>　　观察时间：<u>6</u>月<u>8</u>日　　观察对象：<u>琪琪</u>

观察维度	观　察　记　录		
运动内容	走梅花桩	跨梅花桩	跳梅花桩
心率变化 （次/分）	128	133	117
运动状态	面色：正常 汗量：无 呼吸：中速 精神：愉快	面色：稍红 汗量：后背不多 呼吸：较快 精神：愉快	面色：稍红 汗量：后背较多 呼吸：中速 精神：愉快
运动行为	• 拉开梅花桩的距离在梅花桩中间穿8字走 • 在梅花桩上小朋友们需要脚踩花朵中心保持身体平衡，走过梅花桩：眼睛看着前方，双手慢慢打开保持身体平衡，缓缓向前走。走过一段花朵桩捡起路旁的圈直到捡完小圈走完小路	• 梅花桩分开一点距离幼儿手持圈跨跳过圈沿着梅花桩一路跨跳向前走，穿越梅花桩	• 幼儿将梅花桩之间的距离拉开，双脚分开或并拢跳过梅花桩 • 幼儿可以自主将梅花桩的距离从近到远，增加挑战性
分　析	1. 运动兴趣浓厚 　　幼儿展现出高涨的运动热情，喜欢与同伴一同运动，并探索在梅花桩上的不同玩法。在运动过程中，他们积极参与并能够与同伴进行语言交流。 　　2. 幼儿等待时间长 　　由于活动范围和形式的限制，幼儿在等待参与运动的时间过长，导致活动的练习密度和运动负荷明显不足。这种等待导致他们的兴趣和情绪降低。 　　3. 促进幼儿发展 　　对小班幼儿而言，练习走是一种有意义的运动体验，有利于他们大脑发育和认知发展。由于幼儿动作发展迅速，他们可以完成走直线、走S线、跳障碍等动作，手眼协调能力也在迅速发展。他们已经不满足于在有限的空间里进行运动。 　　案例分析：从镜头一到镜头二，尽管教师在材料上做了补充，增加了辅助材料，但并未根本改变问题的实质。提供的空间太过有限，两排相同的梅花桩难以满足三岁孩子在游戏中走跳相间的需求。由于梅花桩上行走的速度不快，两条路的空间远远无法满足他们的需求，也就不能达到预期的运动目标。为了使走或跳的空间更加宽敞和丰富，教师可以考虑增加两条高低不同的梅花桩，进行延长或加宽，以拓展活动空间。此外，教师还可以考虑提供其他辅助材料，如增加不同高度的梅花桩，以丰富运动体验
下一步 计划	1. 调整材料后持续观察 　　继续观察幼儿在其他运动区域中的运动行为，从而更加全面地了解幼儿的运动能力。 　　2. 分享创意玩法 　　对于幼儿在运动中的创意玩法，教师可以让他们去邀请其他幼儿一起参与进来，集思广益，创造出更多有趣的玩法。 　　关注幼儿运动中的生活习惯。幼儿在运动中玩得十分投入时，会忘记脱衣服、擦汗、休息，教师需要多加关注

第三节　在运动建设下深化园所文化内涵

一、课程方案更科学

经过多年研究，我们不断梳理和调整课程实施方案，有效融合共同性课程和选择性课程，形成了既有我园特色又包含通用元素的课程结构框架。在理念与目标制定上，我们强调儿童立场，重视幼儿通过运动获得的学习品质，旨在为幼儿的终身发展奠定基础。依托数据作为载体，我们通过数据深挖与优化教师的课程领导力。目前，我园已形成包括 11 个各年龄段户外运动活动方案、25 个运动集体教学案例、15 份基于数据的班级个性化户外区域运动方案、23 篇户外区域运动中对个别幼儿的跟踪指导案例等丰富素材，为课程实施提供了坚实支持。

二、课程资源更丰富

在"全天候"运动的实施中，我们基于儿童立场，不断打磨与实践现有课程资源与内容，关注孩子的学习与发展机会，最大限度支持和满足他们在实践探索和操作体验中的经验积累。我园因地制宜，积极创造条件，充分利用家长资源，拓展幼儿运动活动的辐射面，使家庭运动成为幼儿园运动活动的延续，实现"全天候"运动的目标。我们探索以亲子游戏为切入点，引导家长利用社区和家中资源开展幼儿运动，开发了七十多个亲子运动小视频，开展系列线上运动小游戏推送，鼓励家长和幼儿在家坚持运动，为"全天候"运动提供了丰富的内容和形式。

三、课程评价更多元

在"全天候"运动实施过程中，我们重视评价的多元化，从教师和幼儿两个层面对课程质量进行评价。首先，制定各类"全天候"运动实施评价指标，完善教师在教育策略、行为等方面的评价标准。其次，依托手环和幼儿评价系统，结合《3～6 岁儿童学习与发展指南》，对幼儿的运动发展水平进行评价，实施个体化记录，记录每个幼儿的成长过程。此外，我们充分利用家长资源，共同记录和评议幼儿的运动成长，以多种媒介形式客观评价每个幼儿的发展。这些评价方式有助于我们更全面地了解幼儿的成长，并指导教师与保育员共同关注幼儿的日常记录，重视过程性资料的积累。

CHAPTER 09

第九章 "全天候"运动特色成果

在校园足球日益普及的背景下，幼儿开展足球运动的热潮日益兴起。足球活动不仅深受幼儿喜爱，而且具有竞争性、挑战性和合作性等特点，成为幼儿发展关键期全面综合素质培养的优秀体育运动之一。

我园自 2015 年起，每周邀请足球俱乐部青训总监斯蒂芬教练来园指导，并自 2018 年开始与幸运星足球俱乐部合作，定期由俱乐部教练来园指导大班幼儿开展足球活动。2021 年，我园被评为"全国足球特色幼儿园"。在结合"全天候"运动理念的背景下，我园的足球运动取得了新的发展。

此外，结合现代化信息技术，我园对运动数据进行了深入解读，并让孩子在接触多样运动形式的同时，在专项运动训练中获得丰富的体验。同时，我们充分挖掘了运动的趣味性和活泼性，让幼儿爱上运动，即快乐地参与运动。通过这些举措，我园不仅提升了幼儿的足球技能，还培养了他们对体育运动的兴趣和热爱，这为他们的全面发展打下了坚实的基础。

第一节 运动数据：PDA 测试

2021 年，我园被评为"全国足球特色幼儿园"后开始接触 PDA 平台。PDA 平台不仅能提供丰富的游戏内容，还能够根据游戏进行"动作测试"，这有效提升教师在组织亲子足球活动的科学性。我园大班幼儿通过该平台开展了"超级快递""超级出租""超级飞侠""跨越小溪""螃蟹历险"等多项运动数据记录活动。基于此，我们考虑依托 PDA 平台资源来挖掘和积累幼儿成长数据，使教师和家长能够通过数据更精准、更及时地了解孩子的发展动态，并对平台现有资源进行筛选和组合，以丰富亲子足球游戏的内容。

一、PDA 运动测试项目内容

在期初，我园共有 126 名大班幼儿参与了 PDA 平台上的运动测试。8 个测试项目涵盖 8 大运动测试主题：跑动能力、跳跃能力、敏捷性、平衡性、协调性、核心力量、物体控制（手）和物体控制（脚）。每个测试项目都记录了相关数据。

让孩子快乐自由地
奔跑

表 9-1　朱桥幼儿园大班儿童 PDA 运动测试项目

项　目	超级飞侠	跳跃石子	翻山越岭	运送卫星	小猴抓桃	水果运输	小鸡回家	快速取件
具体方式	往返折线跑	单脚连续跳圈	折线正反跑	单腿站立	四肢多向爬行	长距离提放重物	变距接球	带球
动作	跑动	跳跃	敏捷	平衡	协调	力量	手	脚

　　测试是以班级为单位进行的。每位教师根据 8 个运动测试项目内容准备场地和材料，每名幼儿按顺序逐一完成测试。测试项目按照"跑动—跳跃—敏捷—平衡—协调—力量—物体控制（手）—物体控制（脚）"的顺序依次进行，确保上肢与下肢运动交替。项目难度由易到难，以减少体力疲劳对数据造成的影响。以"运送卫星"（单腿站立平衡—双手头顶持球）为例，本项目评估了儿童小脑、大脑皮层、前庭器官的发育情况。孩子们为保持平衡而做出姿势调整，这对前庭感觉、固有感觉和视觉统合的调整都有益处。

测试意义	了解受测者有限制的单脚平衡能力
测试器材	直径 50 厘米圆环一个，3 号低弹球 1 个，秒表 1 个
场地布置	圆环 1 个
测试规则	幼儿单脚站立，双手举球放置在头顶，开始计时； 左右腿各测试 2 次
测试要求	除站立脚外，学生躯干任何一部分着地或头顶足球落地，则测试结束。 测量坚持时长。测量 2 次，以秒为单位，具体到小数点一位（例：9.16 秒，记 9.2 秒）

表 9-2　大班幼儿"运送卫星"成绩概况（左脚期初）　　　　单位：秒

评价	班级	人数	均值	中值	极小值	极大值
时长（秒）	大（1）班	28	35.8	91.7	6.2	177.2
	大（2）班	33	33.6	87.2	5.8	168.7
	大（3）班	33	37.4	93.2	5.2	181.2
	大（4）班	32	32.1	86.9	4.7	169.2

表 9-3　大班幼儿运送卫星成绩概况（右脚期初）　　　　单位：秒

评价	班级	人数	均值	中值	极小值	极大值
时长（秒）	大（1）班	28	35.9	106.7	10.87	202.7
	大（2）班	33	32.5	94.9	8.9	180.9
	大（3）班	33	30.7	81.4	6.5	156.3
	大（4）班	32	31.6	87.9	5.6	170.2

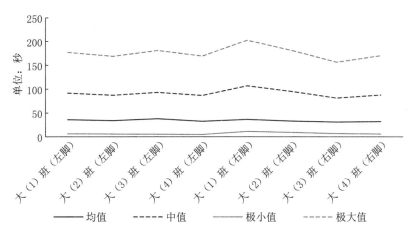

图 9-1 大班幼儿运送卫星成绩概况（左右脚）

在本次关于幼儿足球运动能力的各项能力测试中，我们发现幼儿之间在身体素质和足球综合运动能力方面存在较大差异，尤其是在跳跃能力、平衡能力、协调能力、力量能力以及控制能力等方面。

二、PDA 运动测试数据解读

为了让家长更好地理解孩子在足球运动方面的发展现状，大班组以家长会的形式解读了 PDA 运动测试数据报告。通过展示 8 个运动测试项目的数据，家长们得以全面了解大班幼儿的整体运动发展情况。

表 9-4　PDA 运动测试数据解读

测试项目 1	整体数据（单位：秒）				个体数据
	均值	中值	极小值	极大值	
超级飞侠（往返折线跑）	14.42	14.92	11.26	18.58	略
◇ 指导家长：幼儿的身体灵活性、协调性差别不大，反应时间在 15 秒左右，有个别能力比较强的幼儿可以在 11 秒左右完成，反应较慢的学幼儿在 19 秒左右完成					

测试项目 2	整体数据（单位：秒）				个体数据
	均值	中值	极小值	极大值	
跳跃石子（单脚连续跳圈）	30.5	32.4	16.2	48.6	略
◇ 指导家长：从大班幼儿的跳跃能力项目数据结果分析，发现跳跃时长的均值大约在 30 秒。部分跳跃能力较强的幼儿时间大约在 17 秒，每个测试班级之间的时间差最大有 2.5 秒，跳跃能力较弱的幼儿跳跃时间能达到近 50 秒					

测试项目 3	整体数据（单位：秒）				个体数据
	均值	中值	极小值	极大值	
翻山越岭（十米折线正反向跑）	31.1	32.6	22.7	42.6	略
◇ 指导家长：在十米折线正方向跑项目测试中，能力比较强的幼儿完成的时间大约在 22 秒。综合完成的时间中值在 31 秒左右，能力稍微弱一点的幼儿大约需要 43 秒的时间完成该项目					

（续表）

测试项目 4		整体数据（单位：秒）				个体数据
		均值	中值	极小值	极大值	
运送卫星 （单腿站立 平衡—双手 头顶持球）	左脚	33.6	87.2	5.8	168.7	略
	右脚	32.5	94.9	8.9	180.9	

◇ 指导家长：对幼儿的脚平衡力进行测试，从测试的结果分析来看，发现幼儿普遍表现出左脚的平衡力弱于右脚。在左脚平衡力的测试中，完成时间的均值为 33.6 秒，能力稍微弱一点的幼儿需要约 170 秒。在右脚平衡力的测试中，完成时间的均值在 32.5 秒，能力稍微弱一点的幼儿跨度较大，需要约 180 秒，能力较强幼儿只需要 9 秒

测试项目 5	整体数据（单位：秒）				个体数据
	均值	中值	极小值	极大值	
小猴抓桃（四肢 多向爬行—多向 熊爬）	40.5	48.0	25.6	70.5	略

◇ 指导家长：在关于幼儿四肢多项爬行能力的测试中发现，大部分的幼儿完成项目的时间在 40～50 秒，能力强的幼儿需要 26 秒左右的时间，能力稍微弱一点的幼儿需要 70 秒左右的时间

测试项目 6	整体数据（单位：秒）				个体数据
	均值	中值	极小值	极大值	
水果运输	145.3	178.1	115.6	240.7	略

◇ 指导家长：在关于幼儿上肢力量的运动能力测试过程中，大部分幼儿完成项目的时间在 140～180 秒。能力强的幼儿完成项目的时间在 115 秒左右。稍微弱一点的幼儿完成时间在 240 秒左右

测试项目 7	整体数据（单位：秒）				个体数据
	均值	中值	极小值	极大值	
小鸡回家（变距 离双手接球—抛 球入门）	16	15	6	24	略

◇ 指导家长：在幼儿手眼协调能力的测试中，大部分幼儿完成项目的时间在 15 秒左右。能力强的幼儿完成项目的时间在 6 秒左右。稍微弱一点的幼儿完成时间为 24 秒

测试项目 8	整体数据（单位：秒）				个体数据
	均值	中值	极小值	极大值	
快速取件（带 球—控球）	130.8	140.75	98.1	183.4	略

◇ 指导家长：在下肢脚步控球的测试中，各个班级幼儿完成时间差距较大，大部分幼儿完成项目的时间在 140 秒左右。能力强的幼儿完成项目的时间在 98 秒左右。稍微弱一点的幼儿完成时间在 180 秒左右，可能是因为项目时间较长，幼儿体能差异较大

三、PDA 运动测试资源梳理

（一）家长资源

我们召集 8 名家长组成家长助教足球社团。每位家长根据自己的特长和意愿负责相应的工作内容。这种家长参与的方式不仅增强了家园合作，还丰富了幼儿的足球运动体验。

通过这些措施，我园在足球运动方面的教学和训练更加科学、系统，同时有效地融合了家长资源，进一步加强了家园合作，为幼儿提供了更全面、多样的运动学习机会。这些努力有助于提升幼儿的足球运动技能，同时为他们的全面发展奠定了良好的基础。

表 9-5　家长助教团名单

班　级	家长姓名	负　责　内　容
大（1）班	晨晨爸爸	对 PDA 游戏的再实践
大（1）班	思思爸爸	向家长解读 PDA 运动测试内容，了解自己孩子的运动能力发展情况
大（2）班	泽泽爸爸	对 PDA 游戏的再实践
大（2）班	颗颗爸爸	向家长宣讲教师梳理后的亲子游戏内容
大（3）班	睿睿爸爸	对 PDA 游戏的再实践
大（3）班	敏敏爸爸	向家长宣讲教师梳理后的亲子游戏内容
大（4）班	宇宇爸爸	对 PDA 游戏的再实践
大（4）班	航航爸爸	组织社团成员共同探讨梳理出实践中的问题

（二）游戏资源

针对 PDA 运动数据报告，我们梳理了 16 个适合大班幼儿的足球游戏内容，包括游戏的目标、内容和组织方式。在家长助教足球社团中，我们首先开展这些足球游戏，让家长助教们熟悉每个游戏的玩法及指导要点，以为他们之后的二次创作和指导做好准备。

表 9-6　PDA 大班足球游戏内容

序号	游戏名称	内　　容	材　　料
1	机场忙碌的一天	Part 1：度假者　Part 2：通过入口 Part 3：装行李　Part 4：气流 Part 5：舱热症	足球、标志碟、标志桶
2	医生训练	Part 1：健康检查　Part 2：医生培训 Part 3：医生　Part 4：医生足球 Part 5：毕业	足球、沙包、垫子、标志碟
3	舞会	Part 1：放松　Part 2：在舞池 Part 3：跳舞　Part 4：滑步 Part 5：慢舞	足球、绳梯
4	罗马角斗士	Part 1：穿上盔甲　Part 2：角斗士训练 Part 3：战车赛　Part 4：角斗士角斗 Part 5：角斗士队伍	足球、沙包、垫子、圆环

（续表）

序号	游戏名称	内　　　　容	材　　料
5	睡衣派对	Part 1：穿上睡衣　Part 2：爆米花和气球 Part 3：枕头大战 Part 4：午夜盛宴　Part 5：睡觉时间	足球、小球、气球、标志碟
6	软泥的秘密	Part 1：大泥球　Part 2：软泥扩展 Part 3：飞泥袭击　Part 4：软泥球 Part 5：放开软泥	足球、圆垫
7	龙的力量	Part 1：力量与智慧　Part 2：保护勇气 Part 3：龙穴　Part 4：养龙 Part 5：控制威力	足球、标志桶、圆环
8	Emoji 代码	Part 1：Emoji 总部　Part 2：古老的 Emoji 代码 Part 3：Emoji 心情室 Part 4：足球表情　Part 5：解码表情	足球
9	云端旅行	Part 1：飞行　Part 2：放飞的风筝 Part 3：热气球比赛　Part 4：飞行的足球 Part 5：直上云霄	足球、气球、垫子
10	庆祝新年	Part 1：清洁时间　Part 2：大扫除 Part 3：烹饪时间　Part 4：烟花 Part 5：灯笼节	足球、球门、标志碟、圆环
11	壮观的科学	Part 1：固体液体气体　Part 2：混合分子 Part 3：发电　Part 4：有害物质 Part 5：化学爆炸	足球、标志碟、圆环
12	愤怒的地球	Part 1：火山、龙卷风和暴风　Part 2：地震探测器 Part 3：火山喷发 Part 4：发泄怒气　Part 5：愤怒消失	足球、标志碟
13	挖掘现场	Part 1：打包准备　Part 2：绘制路线图 Part 3：挖掘　Part 4：深入挖掘　Part 5：挖掘成果	足球、标志碟、圆环、软棒、栏架、球门
14	世界杯	Part 1：开幕式　Part 2：前往比赛 Part 3：赛前热身　Part 4：世界杯决赛 Part 5：奖杯展示	足球、标志碟、圆环、绳梯、栏架、球门
15	糖果世界	Part 1：能量提升　Part 2：糖果世界旅行 Part 3：糖果储藏室　Part 4：黏黏的脚 Part 5：糖果形状	足球、圆环、标志碟、平衡木、垫子、沙包、圆垫
16	沙漠探险	Part 1：开幕式　Part 2：前往比赛 Part 3：赛前热身　Part 4：世界杯决赛 Part 5：奖杯展示	足球、标志碟、圆环、垫子、小球门

四、PDA 运动游戏开展形式

在内容梳理完成后，每个班级的教师对家长进行了培训，使家长对研究内容有了初步的了解。

表 9-7 亲子足球游戏目标

年龄阶段	足球游戏目标	足球游戏内容
大班	1. 能积极主动地与家长一起参与足球游戏活动，探究足球的特征，对足球游戏产生浓厚的兴趣	见表 9-6
	2. 积极探索与家长合作玩球的各种方法，形成良好的足球运动习惯	
	3. 进一步熟悉球性并尝试拨球、运球、传接球等基本动作，进一步提高控球及手眼协调能力，发展力量、速度、耐力等综合运动素质	
	4. 养成团结合作、遵守规则、敢于竞争、活泼开朗的品质	
温馨提示：了解脚踝扭伤、擦伤、撞伤或拉伤以及运动性腹疼的紧急处理方式		

（一）线上形式：分组式的亲子集体足球游戏

我们首先将每个游戏内容细化，包括每个环节的具体内容、所需材料及场地配置，并为家长提供温馨提示。每周固定安排一天进行线上亲子游戏实践活动，教师会先对活动的每个环节进行详细讲解，并通过视频示范，让家长明白游戏规则，并一同参与游戏。

案例：机场忙碌的一天

第一步：分解游戏

表 9-8 游戏内容与形式

环 节	内 容	温 馨 提 示
一、度假者（通过热身动作，达到热身和进入状态的目的）	跟随家长做出相应动作：1. 挥动手臂，指挥"飞机"入场 2. 再次指挥 2 架"飞机"入场	鼓励幼儿尽可能利用场地空间进行更多活动，本环节切忌纠正动作
二、通过入口（培养幼儿对球的感觉，同时提高幼儿用手对球的控制能力）	幼儿需要将球滚过任意一个小球门，再将球捡起：1. 向前滚动球 2. 背身向后滚动球 3. 将球扔起后接住 4. 利用不同的方式控球	• 度假人员增多，速度需要加快，以尽量穿过更多入口 • 找一个入口，把行李滚过去，并追上行李拿起来，然后走到下个入口。等大家把所有行李都通过各个入口，这样就可以登机啦 • 鼓励幼儿用不同的方式过入口
三、装行李（提高幼儿对手控球的能力，培养幼儿的竞争意识）	幼儿将球滚到标志桶上，捡起小球并返回起点，与下一名家长进行对接。若击中得一分，最后比一比谁的分数高	将球滚到"飞机"上，然后传给后面一个小朋友，但是不能太用力，否则就会滚过"飞机"。努力用最少的动作击中其中一架"飞机"

（续表）

环　节	内　容	温　馨　提　示
四、气流 （提高幼儿对球的感觉，提高带球过程中的躲避能力）	幼儿在场地中带球，家长将球踢出，幼儿尽可能躲避，不被击中	带球从场地一侧走到另一侧，让"飞机"平稳穿过气流，我们要快速带球，快速小步轻轻踢球，穿过场地时尽量把球控制住
五、舱热症 （跟随缓慢的音乐，达到放松身体和调整呼吸的目的）	1. 运送零食 2. 运送饮料 3. 向上伸展拉伸	鼓励幼儿跟着家长做一些简单的放松动作

第二步：钉钉线上开展

首先，家长们会根据幼儿的 PDA 测试数据，在 16 个游戏资源中自主选择 4 个足球游戏内容，参与线上集体活动。为了确保活动顺利进行，教师们会在钉钉家长群中提前通知家长准备好游戏所需的材料和场地，并提供运动前的温馨提示。

为了保证游戏开展的质量，我们控制每次参与活动的家庭数在 5 组以内。这样的规模既保证了游戏的有效组织和管理，又能够确保每个家庭都能得到充分的参与和指导机会。活动以每周 3 次的频率进行，以保持适度的活动强度和频率，既能让幼儿和家长保持对足球游戏的兴趣，又不至于造成过度疲劳。

（二）线下形式：个体式的探索亲子足球游戏

在线上集体游戏结束之后，家长可以根据之前所学的每个游戏环节，探索更多的玩法。在家里可以怎么玩？在楼下社区又可以怎么玩？不同场所需要注意什么？家长可以将这些探索活动拍摄成照片或视频，并由家长助教足球社团的成员负责梳理和分享。

五、PDA 运动游戏指导策略

（一）问题收集

首先，家长助教足球社团的成员负责收集本班家长在线下足球游戏中遇到的困惑。然后，8 名社团成员以圆桌讨论会的形式，梳理和归类问题，挑选有普遍性和针对性的问题。例如：场地、器材单一，幼儿玩一会儿就失去兴趣；在亲子合作玩球中，家长主导较多，缺少幼儿的主体性；等等。

（二）策略应用

1. 针对问题一的策略：创设情境，丰富器材，激发兴趣

家长可以通过创设情境和丰富器材来激发幼儿的兴趣，帮助他们对区域环境产生新的探索兴趣，并继续开展运动活动。

• 情境创设

家长可以提前准备符合足球游戏情境的材料或装备，以激发幼儿的兴趣。针对 16 个足球游戏内容，我们为家长提供了简单的情境创设建议，以供参考。

表 9-9　情境创设参考表

序号	游戏名称	情 境 创 设
1	机场忙碌的一天	机场入口标志牌、行李箱、"飞机"跑道
2	医生训练	医生服装、医院标志
3	舞会	自制舞会牌、舞会音乐
4	罗马角斗士	盔甲、角斗士记分牌
5	睡衣派对	睡衣、枕头、气球
6	软泥的秘密	大泥坑
7	龙的力量	龙珠
8	Emoji 代码	足球表情、解码表情
9	云端旅行	风筝、气球
10	庆祝新年	新年物品：灯笼、窗花
11	壮观的科学	科学家制服
12	愤怒的地球	地震探测器、地球仪
13	挖掘现场	提前绘制好的路线图
14	世界杯	奖杯、世界杯的足球音乐
15	糖果世界	各类糖果
16	沙漠探险	附近的沙池

• 器材菜单

在亲子足球游戏中，除了主要的器材足球之外，还可能会用到其他低结构材料。考虑家长可能对这些器材不太熟悉，教师可以根据游戏内容以表格的形式列出可能会用到的器材，以便家长在实践过程中根据需要进行选择。

表 9-10　自主材料菜单表

序号	器材名称	使用频率	喜爱程度
1	呼啦圈	频繁	☆☆
2	标志桶	频繁	☆☆☆
3	沙包	一般	☆☆
4	球筐	频繁	☆☆☆☆☆
5	轮胎	基本不用	☆
6	梯子	基本不用	☆
7	小椅子	一般	☆☆☆
8	垫子	一般	☆☆

让孩子快乐自由地
奔跑

家长可以根据幼儿的运动能力，利用各种器材来吸引幼儿的运动兴趣。在选择低结构材料时，家长应尊重幼儿的个体差异，提供不同难度级别的材料供幼儿自主选择。这样做不仅能让幼儿感到安全，还能确保每个幼儿都有成功的体验，从而促进每个幼儿的足球运动能力发展。

2. 针对问题二的策略：不吝啬鼓励，耐心等待

• 适当鼓励

动作鼓励：在亲子足球游戏中，家长的肢体语言可以发挥暗示、引导、示范和激励的作用。当幼儿注意力分散或缺乏兴趣时，家长的肢体语言有助于集中幼儿的注意力并激发他们的活动兴趣。家长的动作鼓励包括点头、微笑、竖起大拇指等，这些行为能够鼓励和支持幼儿，帮助他们获得新的足球运动经验。

语言鼓励：由于幼儿的性格和运动能力水平各不相同，家长需要根据自己孩子的具体情况提供个性化的语言提示。我们为家长准备了一些具有代表性的语言指导建议。

表9-11　语言指导策略参考表

不同的幼儿	个性化的语言举例
• 对于反应较慢的幼儿，家长语速要慢一些，显得更有耐心	"没关系，爸爸相信你能把它做好！再试一试，好吗？"
• 对于性格比较急躁的幼儿，家长的语调要沉稳，语速适中，缓解幼儿焦躁的情绪	"别着急，想好了再去做，相信你能做得更好！" "耐心是一种神奇的力量，让它成为你的好朋友！"
• 对于能力较弱的幼儿，家长要善于捕捉幼儿的进步，哪怕只有一点点的进步	"你踢得真准 / 你的身体好灵活 / 你的速度非常快！你真了不起！" "你比以前更勇敢了！你是男子汉！" "你能和爸爸一起坚持踢球，你是好样的！"
• 对于能力强的幼儿，家长更多的是激励他们不断积累经验，表达自己的想法和感受	"你有新主意吗？除了这样玩足球，还有其他办法吗？" "继续加油，把你的好方法告诉大家，让大家都来试一试！"

• 适时后退

根据《上海市学前教育课程指南》的要求，我们鼓励家长关注和尊重幼儿的立场。当幼儿自发地产生有价值的内容时，家长应给予积极回应。在进行运动指导时，有时采取观察、后退和等待的方式也是对幼儿的一种支持。通过这种方式，家长能够接受幼儿的新玩法，促进幼儿创造性思维的发展，并为他们提供更多的发展空间。

第二节　项目化活动：足球比赛

一、活动背景

中班幼儿提出了"如何举办一场足球赛"的驱动型问题。师生共同设计了一场别具一格的足球项目化活动。从幼儿前期的经验积累（了解足球、交流分享），到实施与调整（个别学习、

116

赛况记录），再到支持与回应（教师和幼儿），孩子们在享受知识和快乐的同时，也在积累丰富的经验。

一年后，在"全天候运动理念"的指导下，大班孩子们的身体技能增长了，知识经验丰富了，他们的运动核心经验也得到了显著提升。作为一所足球特色运动学校，丰富的足球资源激发了孩子们对足球的热情。为了激发幼儿兴趣，并将这些兴趣点转化为课程实施的动力，我们整合多种资源，构建了一个以《幼儿园教育指导纲要》为指导的，以幼儿健康领域发展为目标的项目化活动——"奔跑吧，童年！"

活动实录一：小小足球赛

足球运动作为一种独特的"语言"，无论是球场上的小选手还是场下的幼儿观众，都能在其中找到运动的乐趣。那么，如何结合我园现有的足球资源，以及大班幼儿的特点，既保持趣味性，又不失科学运动的原则呢？

结合PDA测试的结果，我们为幼儿设计了一些足球小游戏，并希望通过这些活动，让幼儿在趣味运动中提升足球技能。在专业足球教练的指导下，孩子们学习了步伐移动、频率控制、内侧传球和前掌停球等足球技能，从而在运动中获得了成长和乐趣。

片段一：公正的裁判

齐齐是今天足球赛的裁判。孩子们穿上红队和黄队球衣后跟着她来到场地中央。齐齐举起足球就开始发球了。随着她发球的方向，孩子们你追我赶不亦乐乎。几轮发球后，红队以2:0领先了。

不服输的黄队队员然然和沐沐走来和裁判理论："为什么你发球总是往黄队那边扔，我们一开始就抢不到球。"

沐沐也争着说："所以我们一个球都没进，不公平。"

一番争论后，齐齐说："因为你们总是站在中间，接下来我往中间发球，你们往两边站。"

片段二：不抛弃，不放弃

"裁判，琦琦犯规推人，伊伊摔倒了！"在悦悦的呼喊下，裁判鸿鸿赶了过来。

这时，琦琦对裁判说："我不是故意的。"

一边的伊伊正提起裤管检查，膝盖上的皮肤因为摔跤有一点点红。裁判说："那你要不要去休息？"

伊伊摇摇头说："没关系，我还要踢。"

说完孩子们又接着踢了起来。

片段三：谁来守门

然然和薇薇在球门前争吵了起来。然然说："现在换我来守门。"

薇薇说："你不会守门，刚刚你守门还让红队进了一球！"

然然说："你守了好久了，换我来守吧！"薇薇还是不同意。

两个人的争论引来了黄队其他队员们。悦悦说："你们不要吵了，石头剪刀布，谁赢了谁守门。"

薇薇不太情愿，还是点了点头说："那好吧，你先守门，等会儿换我。"两个人看了看对方后握手言和了。

片段四：谁是战神

在自由活动时间，鸿鸿对悦悦说："今天我们黄队获胜是因为我们队有两个战神，我们队才会3∶1获胜。"

我听到后便说道："什么是战神？"

鸿鸿回答说："就是我们两个踢球都很厉害的，总是能射门成功的队员。"

红队的朵朵说："我们队今天一个踢球厉害的队员都没有，都在他们黄队，所以我们才会输！"

鸿鸿又说："我一直和大（3）班的易易在小区里踢球，他踢球也很厉害的。"

我说："那你们想不想什么时候和大（3）班孩子们比一比，看看究竟谁才是真正的战神？"

孩子们很兴奋地回答道："好啊！"

活动实录二：足球友谊赛

为了吸引更多班级的孩子观看足球赛，孩子们在个别化学习时间想到了制作宣传海报的点子。他们聚在一起讨论，你一言我一语。很快一批充满创意的海报就制作完成了。下午，孩子们分组前往其他班级分发这些海报，邀请他们来观看比赛。

终于，大（3）班和大（4）班之间的友谊赛开始了。特别的是，这次比赛的孩子们都佩戴了运动手环，准备记录比赛中的各项数据。比赛持续了40分钟，场上精彩纷呈，既有激烈的进球，也有不时发生的犯规和摔跤。

在欢声笑语和汗水中，比赛以2:1的比分结束。赛后，孩子们兴奋地回到教室，三五成群地围坐在一起，研究着各自运动手环上的数据，如心跳、步数等。他们互相交流着比赛中的体验和收获，分享着各自的感受。

二、活动成效

足球活动是幼儿操作器械的一种方式。在充分考虑足球活动如何锻炼幼儿身体各部分，如何促进幼儿身体协调能力、平衡能力、移动能力及全面身体素质发展的同时，整个足球活动过程中还需要兼顾"教"与"学"的关系。在此过程中，应充分发挥幼儿的主体性地位和教师的主导性地位。通过多方面感官经验的积累及同伴间的多次实践探究，幼儿的多方面能力得到了发展。

（一）运动兴趣，"促"运动能力

幼儿从最初的缺失足球技能的状态，经过不断的学习和体验，逐渐能够在符合儿童视角的完美球赛上一展身手了。孩子们对足球的兴趣浓厚，愿意与同伴共同主动学习、自主探究足球的奥秘。在身体机能方面，幼儿完全达到了大班应有的水平：一是能在行进中完成对物体的投掷、拍击、接踢动作，展现出良好的操作能力；二是能在行进中基本控制物体向目标位置的移动；三是能够较准确地接住运动中的物体。踢足球不仅锻炼了幼儿的器械操作能力，还提升了幼儿在奔跑过程中的力量与耐力，以及传接球过程中动作的协调性与灵敏性。

（二）运动健康，"激"社会发展

参与足球运动有助于促进幼儿的社会化发展。社会化是指从自然人向社会人的过渡。幼儿在足球比赛中不仅需要投入体能和意志力，还要面对不同场景，克服各种困难并遵守规则。幼儿对意见不合、争吵等情况的处理，能够促进情绪调控、亲社会性行为及运动安全等方面的发展。相较于传统知识教育，足球运动中的实际场景及所带来的感受是书本无法提供的。幼儿在参与足球运动过程中获得的感悟，如团结合作、沟通交流、热爱等，将对其成长产生深远影响。

（三）运动品质，"扬"健康人格

让运动成为幼儿一种生活习惯。我国将培养幼儿运动品质作为长期目标，并贯彻始终。我们致力于培养幼儿坚强勇敢、不畏困难的意志品质，以及主动、乐观、合作的良好态度。在整个足球项目化学习中，幼儿在遵守规则、协同合作、勇敢进取、顽强拼搏、坚持到底等方面展现了出色的运动品质。孩子们在主动体验的过程中表现得健康活泼，并能大胆迎接挑战，其身心健康得到了全面和谐的发展。

（四）运动评价，"重"科学锻炼

我们推崇由成人评价向幼儿自我评价的转变。孩子们在一次又一次的比赛中学会总结经验、调整策略，思考如何赢得比赛、如何有效传球、为何容易摔跤、为何球易踢偏等问题。此外，孩子们在运动中借助运动手环，关注手环上的数据（如心跳、步数、热量），从而培养解读数据的能力，并开始自主调节运动量。在自由活动时，孩子们还兴致勃勃地参与"运动日记"分享活动，用儿童化的语言对自己的运动能力、品质、习惯等进行简单的自我评价。

奔跑吧，童年！更多的足球故事正等待我们去发掘。更多的孩子们在童年中享受足球运动带来的无限乐趣与成长。

第三节　趣味游戏：快乐运动场

一、小达人俱乐部

本园设有"小达人俱乐部"，即由第三方机构定期来园开展各类运动项目训练与游戏活动，如足球、跑酷、平衡车、轮滑等。这些活动旨在让孩子们尝试多样的运动方式，在专项运动中体验肢体动作的多种可能性。通过这些活动，孩子们可以学会控制自己的动作和行为，培养对运动的喜爱，并在运动中体验快乐。

（一）轮滑

轮滑是一项时尚且吸引众多爱好者的运动。那么，幼儿学习轮滑究竟有哪些益处呢？

幼儿轮滑不仅是一种运动方式，也是一种通过游戏促进智能全面发展的手段。它能够改善幼儿的呼吸系统和心脑血管系统的功能，增强臂部、腿部、腰部、腹部等肌肉的力量和身体各关节的灵活性。同时，轮滑对增强幼儿的身体平衡能力、支撑能力以及小脑的发育都有显著帮助。运动刺激大脑产生的神经通路，能够促进学习水平的提高。在学习轮滑的过程中，幼儿需要克服地心引力，达到身体各部位间的协调。此外，通过学习技能、与他人交往的次数和时间的增加，轮滑有助于锻炼幼儿的胆量、毅力、自信和自控能力，培养其优秀的品质。

考虑家长的需求和幼儿的年龄特点，我们开设了"童跃轮滑社团"。

1. 大班组户外区域运动方案（春秋季）

区域名称	游戏名称	主要材料	辅助材料	核心动作与观察要点	隐性规则
轮滑区	滑板社团	滑板	/	核心动作：坐滑 观察要点：观察幼儿是否能向前、后滑行或转圈滑行	设置10米滑道
	高高滑落	/	斜坡、橡皮筋	核心动作：高处往下滑 观察要点：观察幼儿在游戏中能否主动排队、避让危险	滑下之前保持身体的平衡
	轮滑俱乐部	轮滑鞋，帽子，护手（膝、腕）	拱门3个、小泡沫板15块	核心动作：正滑 观察要点：观察幼儿能否用各种滑行的姿势通过障碍	拱门间距：2米；1条小河由2条塑料条拼成
	你动我也动	轮滑鞋	/	核心动作：合作滑 观察要点：观察幼儿能否通过对静止物体的反作用力使自己滑动，或让人用力将自己推动，也可以抓住正在移动的人或其他物体上，使自己前进或后退；观察幼儿在两人合作滑的时候是否有协作	/
	劈菱角	菱角	地上贴有方格	核心动作：劈菱角 观察要点：观察幼儿是否能控制菱角的速度和方向；观察并指导幼儿失败时能懂得继续坚持，不气馁	1. 甩鞭时不要抽到同伴 2. 懂得主动躲避鞭子
	抖空竹	空竹	/	核心动作：抖空竹 观察要点：观察幼儿能否双手协调将空竹抖动起来不停止；观察幼儿能否开展将空竹抛起、旋转等花式玩法	设置直径80～50厘米的圈，其间距为1米
温馨提示： 1. 幼儿能在运动中自我调节运动量，注意休息和补充水分 2. 幼儿在运动中有自我保护的意识，穿戴合适的运动装备 3. 幼儿能够主动和保育员一起有序地摆放以及整理运动材料 4. 在勇敢者之路、登高山的游戏中还可以玩"送货上前线"					

2. 大班组户外区域运动方案（夏季）

区域 名称	游戏 名称	主要材料	辅助材料	核心动作与观察要点	隐性规则
轮滑区	轮滑 小能 手	轮滑鞋、 轮滑装备	大桩 5 个 小桩若干 山洞 3 个 大软垫 8 块	核心动作：正滑 观察要点：观察幼儿能否用正滑的动作穿越山洞路、S 路、障碍路；观察幼儿钻山洞时是否保持低姿滑行，提醒幼儿提前做好低姿滑行的准备	1. 同伴相互提醒按路线滑 2. 两名幼儿间隔距离约 3 个大桩
	扭扭 乐	轮滑鞋	/	核心动作：倒滑 观察要点：观察幼儿在倒滑的时候能否关注身后的同伴，以避让危险	1. 条河间距 80 厘米 2. 塑料条间距 50 厘米
	滑板 乐	带有手柄 的滑板、 系有绳子 的滑板	系有铃铛的 皮筋、 斜坡	核心动作：多种方式滑 观察要点：观察幼儿在玩滑板时是否有多种方法，提醒幼儿穿越封锁线时不碰线；观察幼儿有无合作行为，观察有序等待情况和主动避让危险的情况	1. 注意不要撞到一起 2. 从斜坡上滑下时只能一个一个过，两手握牢手柄 3. 两组皮筋高度分别为 40 厘米和 70厘米
	抖空 竹	空竹	/	核心动作：抖空竹 观察要点：观察幼儿能否双手协调将空竹抖动起来不停止；观察幼儿能否开展将空竹抛起、旋转等花式玩法	设置 80～50 厘米的圈，其间距为 1 米
温馨提示： 1. 幼儿能在运动中自我调节运动量，注意休息和补充水分 2. 幼儿在运动中有自我保护的意识，穿戴合适的运动装备 3. 幼儿能够主动和保育员一起有序地摆放以及整理运动材料 4. 在勇敢者之路、登高山的游戏中还可以玩"送货上前线"						

3. 大班组户外区域运动方案（冬季）

区域 名称	游戏 名称	主要材料	辅助材料	核心动作、观察要点	隐性规则
轮滑区	速滑 小将	滑板	/	核心动作：坐滑 观察要点：观察幼儿是否能向前快速滑行	设置 10 米滑道
	高高 滑落	/	斜坡、 橡皮筋	核心动作：高处往下滑 观察要点：观察幼儿在游戏中能否主动排队、避让危险	滑下之前保持身体的平衡
	轮滑 小达 人	轮滑鞋，帽 子，护手 （膝、腕）	拱门 3 个、 小泡沫板 15 块	核心动作：正滑 观察要点：观察幼儿能否用各种滑行的姿势通过障碍	拱门间距：1 米； 1 条小河由 2 条塑料条拼成

（续表）

区域名称	游戏名称	主要材料	辅助材料	核心动作、观察要点	隐性规则
轮滑区	老鹰抓小鸡	轮滑鞋，帽子，护手（膝、腕）	/	核心动作：四散追逐跑 观察要点：观察幼儿能否灵敏地进行躲闪和追逐，发展幼儿动作的灵敏性和反应能力；观察幼儿能否有良好的安全意识和规则意识，体验游戏的快乐	追逐时不要撞到同伴
	跳绳	绳子	/	核心动作：跳绳 观察要点：观察幼儿能否以双脚连续跳绳；观察幼儿能否以双脚或单脚玩出多种玩法	1. 甩时不要抽到同伴 2. 懂得主动躲避绳子
	温馨提示： 1. 幼儿能在运动中自我调节运动量，注意休息和补充水分 2. 幼儿在运动中有自我保护的意识，穿戴合适的运动装备 3. 幼儿能够主动和保育员一起有序地摆放以及整理运动材料 4. 在勇敢者之路、登高山的游戏中还可以玩"送货上前线"					

（二）跑酷

跑酷活动不仅能锻炼儿童的基本运动能力如跑、跳等，还符合孩子们喜欢玩耍、爱冒险的天性。通过参与跑酷，孩子们可以强健体质，提高身体的敏捷性和反应能力。这项活动不仅提升了孩子们的身体素质，也让他们在运动中找到了乐趣。

1. 跑酷的动作要求和规格

学习目的	了解跑酷活动，初步了解跑酷的一些动作要求和规格，能跟着做简单的动作	
器材	16 根软绳、20 个标志桶、10 块海绵垫	
热身	小熊洗澡	难度：△
要点	从头洗到脚，从脚洗到头；从上肢到下肢，从下肢到上肢全身动起来	由慢到快
要求	活动全身部位，进入运动适应状态	
跑跳	袋鼠来了	难度：△△
要点	软绳变成河 小花狗跑过小河 双脚跳过家门前的小河，再返回自己的家 双脚连续跳过紧密排列的很多小河 袋鼠受伤了，单脚跳过小河回家 S形绕过标志桶组成的大树 遇到海绵垫变出的很宽的河，能跨跳过去	蹬跨跳、双脚跳、单脚跳、交叉跳、碎步跑、滑跑

（续表）

协作跳	大家一起都来跳	难度：△△△
要点	双脚旋转跳 2 只受伤的袋鼠一起跳，绕过海绵垫 4 只袋鼠一起并步跳	2 人一组单脚跳，4 人一组并步跳、双脚转跳
放松总结	腿部放松，坐下，手撑地，双腿上举坚持 3 秒，屈膝小腿抖动 5 秒，反复 3 轮	双腿上举坚持 3 秒使刚运动完的腿部肌肉得到一定的纤拉补偿，屈膝小腿抖动 5 秒使踝关节放松

2. 平地上的快慢跑练习

学习目的	让幼儿掌握快慢跑的变化，提高幼儿对快跑、慢跑、停的控制能力；练习跑酷活动中初级阶段的跳跃，培养幼儿手眼协调的能力	
器材	16 个标志桶、20 个风车、10 个三色球	
热身	动一动	难度：△
要点	脑袋摆摆，脖子扭扭，屁股扭扭，身体扭扭，伸伸胳膊踢踢腿，我们一起动一动	由慢到快
要求	活动全身部位，进入运动适应状态	
快慢跑	跟我学	难度：△△
要点	仔细听：跑步时，有时快有时慢。当快时，手臂怎样？腿脚怎样？（手臂两旁摆得快，腿脚动得快）反过来呢？ 仔细学：跑步时尽量用鼻子呼吸 A 带着幼儿到标志桶阵地里慢跑，慢慢绕过标志桶，这样就不会碰倒障碍 B 快跑：怎样才能让风车转起来？怎样让风车转得更快呢？手拿风车，直线跑	快跑或慢跑时注意控制呼吸，协调动作
快慢停	我能控制我自己	难度：△△△
要点	你们知道路上的车遇到绿灯就怎样——快跑；黄灯——慢跑；红灯——停 手里有 3 个彩色球，分别表示红、黄、绿信号灯。举起哪个颜色的信号灯就按照该信号灯指示跑或停	快慢停交替，能真正控制自己的动作
放松总结	跑是单脚支撑和腾空的相互交替，蹬与摆相结合，动作协调的周期性动作	

3. 有障碍地面上的快慢跑练习

学习目的	利用助跑跨跳障碍，发展幼儿腿部力量，提高动作协调性和灵敏性	
器材	12个高跨栏架、12个低跨栏架	
热身	模仿	难度：△
要点	进行举重、跳高、打排球、打乒乓等上肢模仿动作	由慢到快
要求	活动全身部位，进入运动适应状态	
跨跑	跨跑	难度：△△
要点	放置少量障碍，间距大，助跑要中速，跨越 障碍增加2～3级，间距变成短距、助跑跨越 同样的跨越动作，要求快速通过 自然放松、单脚起单脚落	仔细观察 助跑充分，速度中速
高度	跳得更高	难度：△△△
要点	放置高跨栏架，间距适当拉大，助跑跨越 单脚起，单脚落 尝试更高的高度，循序渐进	挑战更高的高度，保持平衡和重心
放松总结	障碍跑是在田径场地上跨越一定障碍的竞赛项目，是长跑与跨越障碍相结合的运动项目	

（三）平衡车

儿童平衡车起源于1997年的德国，适合2至6岁幼儿使用。这种车辆没有车链和脚踏，需要幼儿用双手握住车把，并以双脚作为推进力。平衡车不仅可以锻炼幼儿的平衡能力，还是幼儿学习骑自行车的良好过渡工具。它类似于儿童的极限运动，可以显著提高幼儿的平衡感、肌肉群力量及感觉综合能力。

为了提升幼儿的运动兴趣并锻炼他们的平衡能力，培养勇敢自信的品质，我园乐骑社与一些校外机构合作，共同设计了一套科学且有趣的教学课程。

1. 幼儿园乐骑社活动方案（初级）

	第1节	第2节	第3节
初级	自我介绍 制订上课礼仪 能力：向各方向跑步（前、侧、后） 技术：牵车及倒车扶起 技术：骑乘初体验（坐、握、平衡） 技术：双足滑行 收尾：收角锥和车辆	热身游戏：幼儿版马克操、青蛙跳、变速跑 能力：向各方向跑步（前、侧、后） 技术：单足跳 技术：基本能力初测（立定跳、50米折返跑） 技术：单足直道滑行 收尾：收角锥和车辆	热身游戏：幼儿版马克操、慢跑及冲刺跑 骑行游戏：环岛骑行 技术：L形弯道技术 能力：单脚弯道滑行 游戏：大象走路 收尾：收角锥和车辆

让孩子快乐自由地
奔跑

（续表）

	第4节	第5节	第6节
初级	热身游戏：慢跑及冲刺跑、匍匐前进 技术：U形弯道技术 能力：单脚弯道滑行 游戏：螃蟹走路 收尾：收角锥和车辆	热身游戏：哨音折返跑、匍匐前进 骑行游戏：环岛骑行 技术：S形过弯 能力：单脚S形弯道滑行 收尾：收角锥和车辆	热身游戏：哨音折返跑、匍匐前进 骑行游戏：环岛+波浪道 技术：上下坡+刹车 能力：下坡刹车 收尾：收角锥和车辆
	第7节	第8节	
初级	热身游戏：哨音折返跑、匍匐前进 骑行游戏：环岛+波浪道 技术：上下坡+下坡收腿 能力：下坡收腿 收尾：收角锥和车辆	热身游戏：幼儿版马克操、哨音折返跑 骑行游戏：环岛+波浪道+S弯 技术：基本能力后侧（立定跳、50米折返跑） 收尾：收角锥和车辆	

2. 幼儿园乐骑社活动方案（中级）

	第1节	第2节	第3节
中级	热身游戏：动态热身操 能力：冲刺 技术：基本能力前测 能力：骑车游戏100米 游戏：滑车圈圈寻宝（颜色）	热身游戏：动态热身操 能力：匍匐前进 技术：起跑动作 能力：骑车游戏150米 游戏：滑车圈圈寻宝（颜色）	热身游戏：动态热身操 能力：加速双脚离地5米 技术：起跑动作+压身 能力：骑车游戏150米 游戏：滑车圈圈寻宝（数字）
	第4节	第5节	第6节
中级	热身游戏：幼儿版马克操 能力：加速双脚离地10米 技术：L形过弯（左弯） 能力：墙边急刹 能力：骑车游戏150米 游戏：滑车圈圈寻宝（数字）	热身游戏：哨音折返跑 能力：前后跳 技术：L形过弯（右弯） 能力：骑车游戏200米 游戏：滑车圈圈寻宝（颜色+数字）	热身游戏：哨音折返跑 能力：左右跳转 技术：U形过弯（左弯） 能力：骑车游戏200米 游戏：滑车圈圈寻宝（颜色+数字）
	第7节	第8节	
中级	热身游戏：哨音折返跑 能力：冲刺跑 技术：U形过弯（右弯） 能力：骑车游戏200米	热身游戏：哨音折返跑 能力：冲刺跑 技术：S形过弯（左弯） 能力：骑车游戏200米	

3. 幼儿园乐骑社活动方案（高级）

	第1节	第2节	第3节
高级	热身游戏：动态热身操 能力：冲刺 技术：S形过弯（右弯） 能力：骑车游戏200米	热身游戏：动态热身操 能力：匍匐前进 技术：连续上下坡 能力：骑车游戏200米（加坡道）	热身游戏：动态热身操 能力：加速双脚离地5米 技术：连续上下坡 能力：骑车游戏200米（加坡道）
	第4节	第5节	第6节
高级	热身游戏：幼儿版马克操 中级能力后测：综合弯道（加坡道）	热身游戏：哨音折返跑 技术：踏板站立 高级课前测：小小铁人两项	热身游戏：动态热身操 能力：集团骑行 技术：踏板站立
	第7节	第8节	
高级	热身游戏：动态热身操 能力：集团骑行 技术：踏板站立	热身游戏：动态热身操 能力：集团骑行 技术：踏板站立（加弯道）	
	第9节	第10节	第11节
高级	热身游戏：动态热身操 能力：集团骑行 技术：踏板站立（加弯道）	热身游戏：动态热身操 能力：集团骑行 技术：连续S形过弯（加速）	热身游戏：动态热身操 能力：集团骑行 技术：连续S形过弯（加速）
	第12节	第13节	第14节
高级	热身游戏：动态热身操 能力：集团骑行 技术：克服颠簸路面	热身游戏：动态热身操 能力：集团骑行 技术：克服颠簸路面	热身游戏：动态热身操 能力：集团骑行 技术：骑行摔倒时的自我保护
	第15节	第16节	
高级	热身游戏：动态热身操 能力：集团骑行 技术：骑行摔倒时的自我保护	热身游戏：动态热身操 高级课后测：小小铁人两项	

二、四季运动会

"四季运动会"活动主要指根据不同季节特点设计的运动会活动，目的在于让孩子们尝试各种不同的运动项目，以发展他们的身体协调性和灵活性。此外，通过参与规则运动和亲子运动，孩子们能感受到运动带来的乐趣。在团队运动中，孩子们将增强合作、竞争和团队意识等综合能力与素养。运动会采取幼儿园、年级、班级、亲子等组织形式，每学期举办两次。

1. 春·亲子运动会

"春·亲子运动会"旨在引导并激发孩子们的快乐情绪，让他们在运动中获得乐趣。这是人类最自然、坦率的感受。孩子们对于他们喜爱的事物和快乐的事情需要我们的引导和激励。我

们想尽一切方法来调动孩子们的快乐情绪，让他们通过运动释放体内的多巴胺，以促进孩子身体的健康发展。为实现这一目标，我们举办了以"奔跑吧，孩子们"为主题的亲子运动会，希望孩子们能在其中勇敢地追逐、快乐地奔跑、尽情地享受。让快乐成为他们成长路上的起点！

（1）律动：小鸭子，嘎嘎嘎

眼睛眨一眨，耳朵动一动，小鸭子叫一声，嘎……

眼睛眨一眨，耳朵动一动，小鸭子叫两声，嘎嘎……

眼睛眨一眨，耳朵动一动，小鸭子叫三声，嘎嘎嘎……

注意：动作到位，幅度大。

（2）热身活动

头部动作：家长坐着，"小鸭子"用嘴啄爸爸妈妈的耳朵、鼻子、眼睛、嘴巴，然后换家长啄小朋友的身体部位。

上肢动作：头碰爸爸妈妈的头，脸碰爸爸妈妈的脸，碰鼻子，碰耳朵，背碰背，肚子碰肚子，肚子碰背。

下肢动作：身体只有2个部位在地上，只有3个部位在地上……

放松环节：帮爸爸妈妈捶捶背，揉揉肩。家长举起孩子一只手一只脚，转圈；举起两只手，转圈；举起两只脚，转圈（注意头不要着地）。然后交换，孩子举家长的脚。

（3）海浪来了

家长抱孩子坐成一纵排，老师模仿海浪，海浪打过来时后仰，海浪回去时前倾。教师用溜溜棒模仿海浪来了。

（4）穿越沼泽

家长间隔着侧坐成一纵排，以第一名和最后一名家长为起点和终点，孩子从起点开始，跨过家长的腿组成的"鳄鱼"。动作由易到难，从走、跨跳，到摆臂跳跃。

要求：不能碰到家长的腿。

（5）钻山洞

家长手脚着地，作山洞状，孩子从下面钻过，尽量不碰到家长身体。

（6）夹棒跳

家长和孩子同向，用腿夹住溜溜棒不落地，绕过前方障碍物回来，后面家长接力。

要求：动作不限，溜溜棒不落地。

（7）运粮食

孩子钻进事先准备好的布袋，两位家长拎着布袋从起点出发，绕过障碍物回到终点。

要求：布袋不落地，速度快者胜；注意安全，保护孩子不落地。

（8）好玩的溜溜布

每个班的全体家长拉紧溜溜布成一长条，模仿海浪上下拍打，孩子模仿鱼儿从下面钻过，当喊到"抓鱼"时，溜溜布放下。

全体家长拉紧溜溜布成一长条（绷紧），孩子从溜溜布一头开始行走，家长可以增加难度，抖动溜溜布，直至孩子到达终点。

2. 夏·玩水节

夏季的玩水活动是孩子们在水的世界里尽情交流、亲近、沟通和释放的绝佳时机。它不仅让孩子们体验到童年的欢乐，也带来了夏季生活的乐趣和童真的体验。我们通过这些活动，让孩子们感受到幼儿园生活的丰富多彩，即幼儿园是一个充满快乐和幸福的地方。为满足孩子们对爱水、玩水、戏水的热情和渴望，我们开展了主题为"'水'与争锋，快乐一'夏'"的水上狂欢派对。孩子们可以畅游在水的世界里。这个活动为他们的童年增添了欢乐的色彩。

内　容	玩　法	地　点	班　级	具体安排
泡泡世界	幼儿尽情享受泡沫的奇幻世界	球球总动员	/	每班15分钟一个内容，按1、2、3、4、5、6依次向后一个内容轮流，起始顺序为：大（1）班为内容1，大（2）班2，大（3）班3，大（4）班4，大（5）班5，大（6）班6
水枪大战	幼儿带上水枪，互相组队，进行水枪对战	森林大闯关	/	
水上滑梯	幼儿在加长的泡沫滑梯上滑行	大型玩具	大（2）班	
水上排球	在大泳池中，开展水上排球赛	花果山	大（1）班	
水上蹦床	蹦床里灌满水，尽情跳跃，让水花四溅	勇敢者道路	大（3）班 大（4）班	
荡绳过河	荡绳下面沙坑铺上膜后灌水，幼儿抓住荡绳过河			
豌豆射手	幼儿用水球攻击树上绑的小怪兽	秘密花园	大（5）班 大（6）班	

3. 秋·玩球嘉年华

秋季的玩球嘉年华旨在激发幼儿参加体育活动的积极性，发展幼儿身体的灵活性与协调性，增强幼儿的身体素质。通过这样的活动，让幼儿初步感受到竞赛的乐趣，同时培养他们的体育兴趣和团队合作精神。

项目一：幼儿项目赛

名　称	材　料	规　　则	评判标准	场　地	评　委
消防员救火	沙包、轮胎、竹梯	幼儿分为两组出发，手持沙包通过平衡木，在5米之外用沙包投掷到着火区域	能投掷进5米之外的着火区域	球类区	每班选出家长志愿者2名
勇敢的小兵	沙包、软垫、砖块	幼儿分两组出发，单臂匍匐通过软垫将沙包击倒砖块	快速通过软垫、将砖块击倒	球类区	
夹球跳	软球4个（距离10米）	分4组进行，将球夹于两腿之间，从起点至终点再返回起点，先到达者为胜	第一名两颗，第二名一颗星	车类区	
滚珠大赛	保龄球两套	幼儿分为2组比赛，从起点处滚球，目标为击倒终点处的保龄球	击倒保龄球的个数	跑跳区	

（续表）

名　称	材　料	规　　则	评判标准	场　地	评　委
小羊回家	羊角球4个，路障4个	幼儿分4组比赛，坐在羊角球上握紧，双脚离地蹲跳，越过路障后回到起点	先回到起点处的获胜	跑跳区	每班选出家长志愿者2名
五龙夺球	球1个	5名幼儿比赛，同时在起点出发，最先抢到球者获胜	最先抢到球获胜	球类区	
点球大战	足球2个，标志桶2个	2名幼儿在标志桶同时射门，2次机会	进球者获胜	球类区	
小蚂蚁运粮	轮胎3个，小软球若干	3名幼儿同时比赛，每人滚一个轮胎从起点出发，到达对岸后拿一个小软球放在轮胎里，再滚回起点	速度最快者获胜	球类区	
海狮顶球	长凳3条，小球3个，顶球帽3个	3名幼儿同时进行比赛，每人头戴装有小球的帽子，从长凳的一端出发，保持平衡到达终点，中途不能让球掉落	最先到达终点者获胜	车类区	

项目二：亲子游戏赛

名　称	材　料	规　　则	评判标准	场　地	评　委
你投我接	软式小皮球、跳袋、距离3米标志	2人一组（5个软球），小朋友投，家长接，投中多者为胜	投中多者为胜，投中5个三颗星，4个两颗星，3个一颗星，2个及2个以下不得星	球类区	年级组自定
小马过河	小板凳8只（距离20米）	幼儿分4组比赛，家长向前交替摆放板凳，让幼儿在板凳上行走，先到终点者获胜	第一名四颗星，第二名三颗星，第三名两颗星	球类区	
抬元宝	4根竹竿，2个路障	以2个家庭为一组，分2组进行，2名大人用2根竹竿抬2名孩子，绕过路障后返回起点。绕过路障后先回到起点者获胜	第一名四颗星，第二名三颗星	球类区	
夹球跳	软球4个（距离15米）	分4组进行，幼儿将球夹于2腿之间，跳至家长处，家长再将球夹于2腿之间跳回至起点处	第一名得四颗星，第二名得三颗星，第三名得两颗星，第四名得一颗星	车类区	
运彩蛋	金箍棒8根，皮球2个	分2组进行，家长与孩子面对面站立，手持金箍棒，将球置于金箍棒上，横着从起点走到终点处。球掉落者原地重新开始	第一名得两颗星，第二名得一颗星	跑跳区	
袋鼠爸爸	软垫6块	分2组进行，爸爸手和膝着地爬，将孩子背在背上，先到者为胜	第一名得两颗星，第二名得一颗星	球类2	

（续表）

名　称	材　料	规　　则	评判标准	场　地	评　委
接力跑	接力棒4根	孩子从起点出发，家长在25米处等待，将接力棒接过后返回跑起点处	第一名得四颗星，第二名得三颗星，第三名得两颗星，第四名得一颗星	跑跳区	年级组自定
会飞的魔毯	3块垫子、3个路障	幼儿趴在垫子上，家长拉动垫子，绕过障碍物后回到起点。比比谁更快	第一名得三颗星，第二名得两颗星，第三名得一颗星	球类区	
小鸡运蛋	带洞KT板4块、小筐4个	幼儿在起点用KT板运一个海洋球后，跑到终点给家长。以家长最快速度安全把球运回为胜	第一名得四颗星，第二名得三颗星，第三名得两颗星，第四名得一颗星	车类区	

4. 冬·轮滑赛

冬季的轮滑赛旨在通过轮滑活动提高幼儿身体的灵活性和动作协调性。我们希望通过这样的活动，让幼儿学会不怕困难、坚持到底，同时感受到轮滑活动的乐趣。这样的活动不仅能提升孩子们的身体能力，也有助于培养他们的勇气和坚持精神。

（1）中大班：竞速比赛

项目一：障碍赛

游戏规则：幼儿3至4人一组进行比赛，听口令从起点出发，沿设置好的路线，绕过障碍进行比赛。以先到达终点者为胜利。

项目二：速滑赛

游戏规则：比赛采用淘汰制，按照预、次、半决、决赛的比赛顺序进行。幼儿3至4人一组，在一条起跑线上同时起跑出发。以先到达终点者为胜利。

（2）小班：趣味轮滑

项目一：坐下起立

活动目标：练习脚平行、蹲下、十指伸直往前推的动作，并顺势着地（很减压的摔倒方式）。练习起立方式：两个膝盖先跪地、伸出一只脚踩地上（脚与另一只脚的膝盖是一个拳头的距离，另一只脚的脚尖着地）；双手重叠撑住膝盖上面，身体挺直微微往前仰，并用力撑起；脚平行，手扶膝盖，半蹲。

游戏玩法：

① 听儿歌根据口令坐下或者起立，跟上节奏者为胜利。

②《坐下起立》儿歌：

你咕噜，我咕噜，大家一起学。

小勇士，不怕摔；自己能，站起来！

脚平行，做准备；小小手，向前伸；

慢弯腰，蹲下来；手摸地，向前倒。

一只脚，竖起来；两只手，放膝盖；

背挺直，腰不弯；手和脚，齐用力；

自己咕噜站起来！

项目二：小鸟起飞

活动目标：练习前后拉刃，侧行，弓箭步，蹲下平刃前行的前进方式。

游戏玩法：

① 摆一排直标，小朋友排队一个一个绕着杯子走，再从旁边走回来排队。

② 摆一排窄直标，小朋友排队一个一个往前滑脚，再并拢正确姿势用惯性滑过杯子。

③《小鸟起飞》儿歌：

你咕噜，我咕噜，大家一起学。

小飞机，呼呼呼，飞呀飞呀闯世界；

腰挺直，手张开；脚平行，前后拉；

拉一下，到宁夏；拉两下，到三亚；

三下四下，把油加！

拉五下，拉六下，七下八下东南亚；

拉九下，拉十下，咕噜咕噜飞回家！

三、集体活动

我们园内的集体活动以小组为单位开展。通过丰富的活动内容与形式，我们旨在引导幼儿进行互动式学习，促进他们之间的交流与互动。这样的集体活动不仅有助于幼儿的身心发展，还能有效培养他们的集体意识。通过小组合作，幼儿可以学习团队协作、共同解决问题，并在活动中感受归属感和成就感。这对于他们的社交技能、沟通能力以及集体合作意识的培养都至关重要。

1. 小班活动方案

活动名称	打雪怪	
活动目标	在打雪怪的情境中乐意用软球进行投掷，提高上肢力量和协调能力，在游戏中体验投掷的快乐，乐意参与体育游戏	
活动准备	经验准备：有玩雪的经验 物质准备：软球若干、雪怪	
活动过程	**热身**：在音乐背景下，让四肢充分热身	跟随教师做关于下肢的热身动作
	打雪怪：乐意用软球进行投掷，提高上肢力量和协调能力	**打雪仗** 关键提问：你是怎么打雪仗的 观察重点：幼儿在自由探索的过程中，观察投掷的动作，上臂挥动的动作 小结：我们在打雪仗的过程中，身体要往后仰，手臂从小耳朵后面用力往前扔

（续表）

活动过程	打雪怪：乐意用软球进行投掷，以提高上肢力量和协调能力	**打小雪怪** 导入：雪地里来了许多小雪怪，让我们一起把他吓走吧 规则：站在两米线处，进行投掷，吓走小雪怪 观察重点：幼儿投掷和挥臂动作 指导重点：一脚在前，一脚在后，用力挥动上臂，角度往上用力向前扔。关键提问：雪球怎样才能扔得远？ 小结：一脚在前，一脚在后，用力挥动上臂，角度往上用力向前扔
		打移动的大雪怪 规则：幼儿拿着软球，攻击教师扮演的移动的大雪怪；幼儿不能走到危险区域 观察重点：幼儿是否能遵守游戏规则 指导重点：在遵守游戏规则的同时，是否手眼协调地进行投掷 关键提问：你有什么好办法打到怪兽身上吗 小结：原来我们在扔软球的过程中，需要瞄得准
	放松：充分放松肌肉	所有的怪兽都被赶走啦，我们继续和雪宝宝一起玩游戏吧

2. 中班活动方案

活动名称		南极探险队
活动目标		在玩纸球的过程中，发展身体的协调性，感受与同伴共同游戏的乐趣，体验竞赛的快乐
活动准备		经验准备：有玩雪的经验 物质准备：报纸、音乐
活动过程	热身运动	主题韵律操
	有趣的考验	**滑雪——激趣：引发幼儿对于报纸的兴趣** 幼儿探索用身体不同部位滑雪；把地上的雪花揉成一个雪球 关键提问：你是怎样滑雪的 小结：我们除了可以用脚，也可以用手、臀部、膝盖等部位滑雪
		打雪仗——投掷：尝试运用上臂力量将纸球投过障碍 规则：幼儿站成一排，扔过2米长的障碍物，扔过4米长的障碍物，最后扔过6米长的障碍物 关键提问：怎样扔雪球才能扔得远 小结：一脚在前，一脚在后，用力挥动上臂，角度往上用力向前扔
		领地争夺战——跑：在竞技游戏中，巩固走、跑等动作 规则：幼儿分成两组，分别站于两边领地，两边幼儿分别跑向中心，捡起纸团抛向对方场地，游戏结束后纸球少的那方胜 关键提问：你有什么好办法赢这场比赛吗 小结：原来把球扔得远点，就来不及扔回来了
		小动物喂食 规则：幼儿站在陆地上，给水中的小动物喂食 关键提问：你是怎么把食物准确地喂进小动物的嘴巴的呢 小结：原来，我们的小眼睛要看好小动物的游动方向，配合手上的动作把食物扔进小动物的嘴里
	放松活动	跟随音乐放松身体，充分放松全身肌肉

3. 大班活动方案

活动名称	奔跑吧，宝贝		
活动目标	初步了解步频和步幅对跑速的影响，并在游戏中体验和尝试；发展跑动过程中的敏捷性，能更好地控制自己的身体；培养专注力，在观察中思考和判断；能主动遵守规则		
活动准备	中号呼啦圈 12 个、按铃 12 个、标志筒 12 个、小椅子 12 把、长绳（2 米长）6 根		
活动过程	热身游戏	活动全身（重点在下肢）	
	游戏内容	**比比谁更快** 游戏内容：孩子人手一个圈、标志筒和按铃，根据教师的要求完成动作，看谁速度快；内容包括原地跑圈和原地跑标志筒两项活动 观察重点：脚步动作的敏捷性和身体协调性	
		跑圈 游戏内容：呼啦圈间隔一定距离摆成一路纵队，孩子每步一圈地跑过去 分组情况：4 人一组，每组 4 圈，等前面人完成后后面人才能出发，完成的人从侧面返回队伍，以此反复 指导策略：圈的距离逐渐增加，以提高步幅 观察重点：能否迈开步子，蹬地是否用力，动作是否连贯	
		按铃跑圈 游戏内容：在跑动过程中用手和脚按铃 分组情况：4 人一组，等前面人完成后后面人才能出发，完成的人从侧面返回队伍，以此反复 指导策略：先手按铃、再脚按铃，先直线、再斜线，铃由少到多 观察重点：跑动中的敏捷性，是否能主动控制速度（减速和加速）	
		你追我赶 游戏内容：幼儿分两组，两两比拼；同时从不同起点出发，看到达终点时，后面的人能否追上前面的人	
	放松	音乐伴奏下师生共同放松	

4. 综合活动方案

活动名称	玩圆布垫	
活动目标	在玩圆布垫的过程中，增强思维敏捷性，提高身体协调能力；体会圆布垫多样玩法带来的快乐	
活动准备	经验准备：了解圆布垫的特性 物质准备：12 个圆布垫	
活动过程	热身	导入语：今天我们一起和圆布垫宝宝玩个游戏吧 **我是小主人** 这个小圆布垫就是你们的家，请你们都站在家里吧（幼儿站在圆布垫上，根据教师的口令把手放在身体的不同部位） **我的身体动一动** 要求：根据口令，把身体不同部位的支点放在圆布垫上 现在请你们围着圆布垫走一走、跑一跑

（续表）

活动过程	玩圆布垫	小动物找家 要求：幼儿模仿不同的动物随意走动，在规定时间内找到一个家
		圆布垫龙卷风 要求：尝试用身体的不同部位使圆布垫旋转起来
		圆布垫滑滑乐 两人一组，一名幼儿拉着另一名的腿，合作进行 规则：用脚站在圆布垫上随意滑行，用屁股坐在圆布垫上比一比谁滑得快
	放松运动	小圆布垫变变变，现在变成了我们的方向盘咯，请宝宝们开着我们的小汽车，出发咯

活动名称	城市英雄
活动目标	在学做小警察的情景中进行躲闪跑的游戏，以锻炼身体协调能力；懂得遵守游戏规则，初步具有自我保护意识
活动准备	雌雄贴背心 12 件、黏黏球 24 个

活动过程	城市英雄：活动身体，提高幼儿参与活动的兴趣	提问：你们喜欢城市中的哪些人 关键提问：在我们的城市中警察叔叔有什么本领 小结：遇到困难或危险的时候，我们的城市英雄警察叔叔，总能挺身而出
	小警察集训：知道遇到危险时可以用躲闪的方式躲过	滴滴！出警咯！ 关键提问：你有什么好办法可以躲避突然而来的危险 躲闪危险 玩法：教师持海绵棒从前、后、左、右扫过幼儿，幼儿进行原地躲闪 小结：原来控制身体的方向、运用躲闪或跳一跳的方式可以让我们躲避许多危险 集体游戏 小警察们，刚接到任务要对你们开展集训，考验一下你们躲避危险的本领 玩法：教师持球，孩子躲闪 要求：在可活动范围内用躲闪跑的方式躲避危险；不能与同伴相撞以保证安全
	红绿对抗：在集体游戏中，运用躲闪跑的方式展开游戏	小警察们，你们已经有躲避危险的本领了，但要单独执行任务还是远远不够的，今天我们来一次实战演习 玩法：分成红绿两组，各一名队长 要求：在可活动范围内，把球扔到对方的身上；用躲闪跑的方式躲避对方的攻击；哪一队身上球的数量最少者获胜；不能超越中央线
	放松活动：放松身心	跟随音乐放松身体，提醒幼儿有整理收纳的意识

CHAPTER 10

第十章 "全天候"运动幼儿故事

通过定期汇总和分析幼儿的运动数据，我们形成了一套幼儿运动常模。这套常模不仅帮助我们跟踪和理解幼儿运动能力的发展轨迹，还使我们能够针对不同幼儿的运动能力水平进行个性化的运动指导和个案分析。基于这些分析，我们不断调整户外区域的运动材料，以激发幼儿对运动内容进一步探索和尝试的愿望，从而推动他们的运动能力和运动品质的发展。

在"全天候"运动理念的深入实施下，我园的肥胖幼儿和体弱儿童的可控率一直保持在良好状态。这一成果也赢得了家长们的一致好评。我们相信，不仅幼儿能在运动中收获成长，而且教师也能在幼儿成长的过程中探寻到更好的前进方向。

第一节　显露的挑战精神

运动确实需要勇气和挑战，特别是对幼儿而言。适宜且具有挑战性的运动不仅能激发他们的探索精神，培养运动兴趣，还能在运动过程中带来喜悦和成长。

【一"竿"之力】

这是墨墨第一次尝试使用竹竿的故事。在初次尝试中，他遇到了困难，向我寻求帮助。我指导他如何正确地用手抓住竹竿，用脚钩住并转动身体，他成功地完成了动作并顺利落地。

第二次尝试时，墨墨仍然不太确定如何进行，需要再次引导。在我的指导和同伴敏儿的鼓励下，他再次成功地从竹竿上滑下。

到了第三次尝试，墨墨开始尝试独立完成动作。尽管他在尝试中遇到了些许困难，但在我的鼓励下，他继续努力，并最终成功地钩住了竹竿。虽然他没有完全转动身体，但已经取得了进步。

第四次尝试中，墨墨已经能够更加自信和熟练地使用竹竿。他用脚钩住竹竿，正确地转动身体，顺利地完成了整个动作。

这个过程显示了墨墨在运动中的成长，他从最初的依赖和不确定，逐渐发展到独立和自信。这样的经历不仅提升了他的运动技能，也增强了他的自信并提高了他解决问题的能力。

识别分析

1. 在尝试中焕发运动力

墨墨在尝试从竹竿上滑下时最初显得迷茫和恐惧。由于他不确定如何摆放双手双脚，并对竹竿的高度感到害怕，他一度犹豫不决。然而，在教师和同伴的指导与鼓励下，他开始尝试伸出双手、迈出双脚。尽管他最初反复收回已迈出的双脚，表现出担忧，但最终他鼓起勇气，跨出了第一步，并开始思考动作要领。这个过程展现了他对运动技能的学习与掌握，以及他的运动能力的逐步提升。

2. 在支持中引发学习力

墨墨在学习滑竹竿的过程中采用了多种学习方法，包括寻求帮助、观察模仿和听取建议。教师和同伴的语言与行动支持，如"你的手放在下面，脚钩住，转个身""用抱抱的方式滑吧""拖住身体，向外侧旋转"，都对他的学习过程产生了积极影响。在遇到困难时，他能够向教师寻求帮助；在看到同伴成功后，他能够仔细观察并尝试模仿；在接受到建议时，他勇敢地尝试新方法。最终，他在教师和同伴的支持下解决了困难，成功地掌握了滑竹竿的动作要领。

3. 在挑战中激发意志力

墨墨共尝试了 4 次挑战，在前 3 次遇挫后，并没有选择放弃或者寻找简单的下降方式，而是坚持不懈地继续挑战。在第四次尝试中，他勇敢地用手抱住竹竿，用脚夹紧，成功地滑了下来。通过这些自我尝试，他不仅掌握了动作要领，还体验了成功的喜悦并增强了运动中的自信。这一过程反映了他身为小男子汉的坚韧和毅力。

支持回应

1. 基于幼儿需求的等待与介入

在整个运动中，重要的是根据幼儿的需求进行等待和适时介入。在墨墨尝试滑竹竿的过程中，我的角色是观察者和支持者。我并没有立即介入，而是给予了墨墨足够的时间去思考和尝试，同时确保他的安全。只有在墨墨主动寻求帮助时，我才以语言鼓励和适当的身体引导进行介入。我帮助他纠正双脚的摆放方式，确保他在下滑时安全，同时调整他的位置以防止碰撞，给予他安全感的同时也让他体验了滑竹竿的正确动作。在我的鼓励下，墨墨不断尝试，并逐步掌握动作技能。

2. 基于个体差异的支持与指导

理解墨墨在滑竹竿时遇到困难的原因对于提供有效的支持和指导至关重要。通过分析他的运动经验和运动水平，我得出了以下结论和策略。

a. 运动经验：由于这是墨墨首次尝试滑竹竿，他对基本的动作要领"抓、夹、转、放"并不了解。此外，竹竿的高度给他带来了额外的心理压力，使他不敢让双脚同时离开平台。

b. 运动能力：从墨墨在"E 运动活动室"中的运动数据来看，他的上肢和下肢力量都相对较弱。这解释了即便知道下滑方式后，他仍然无法平稳下滑的原因。

为了适应墨墨的这些需要，我采取了以下策略：

首先，我增加了垫子的高度，以缩短平台与地面之间的距离，减少墨墨对于竹竿高度的心理压力。在墨墨完全掌握滑竿动作后，我会逐渐降低垫子的高度，逐步增加挑战。

其次，我充分利用园内的运动设施，如宽窄不同的平衡木和攀爬网等，以促进他的上肢和

下肢能力的发展。

通过这些策略，我旨在为墨墨提供一个安全、渐进的学习环境，使他能够在挑战中成长，同时保持运动的乐趣和积极性。这种个性化的指导方式不仅有助于墨墨克服当前的困难，也为他未来的运动学习奠定了坚实的基础。

——执教与设计：张纯瑜

【不言放弃的男孩】

在本次运动前，我根据 E 运动活动室运动数据反馈表，特别关注了男孩 A 的平衡台成绩下降这一点，并决定对他进行重点观察和分析。

首先观察到的是男孩 A 在勇往直前区域的表现。他在该区域玩耍了 7 分钟，过了 3 次竹竿，并且采用了两种不同的方式。他第一次尝试时挑选了难度较高的"挂金钩"方式，即双手双脚同时交叉抱住竹竿。虽然他在途中因为方法不当而掉落，但他没有放弃。他的第二次尝试采用了同伴的方式，这次他终于顺利完成了挑战。

在男孩 A 的运动全程中，值得赞扬的是：

① 他展现了勇于挑战自我的品质，尽管第一次尝试有困难，但他坚持不懈。

② 他能够学习并借鉴同伴的成功经验，展现了良好的学习和迁移经验能力。

男孩 A 掉落的原因是在倒挂时脖子和身体未成一直线，导致重心变化和不稳定。这需要我在未来的教学中给予更多指导。

女孩 B 在运动开始时，表现出了良好的观察能力和计划性。她首先选择了简单的爬梯子方法来掏鸟蛋，并轻松成功。之后，她尝试了更复杂的爬树方式，同样顺利完成。当女孩 C 请求学习时，女孩 B 也乐于分享并认真教授。

女孩 B 在本次运动中的亮点包括：

① 她在运动中展现出良好的观察能力和计划性。

② 她的运动能力较强，两种爬树的动作技能都能熟练掌握。

③ 她乐于帮助他人，积极响应同伴的请求。

综合 E 运动数据反馈表，可以看出女孩 B 在平衡台和吊环等项目上都有稳步提升，显示了她的平衡能力和上肢力量都得到了良好的发展。

支持回应

在指导幼儿运动的过程中，我将其分为前期"阅"、中期"乐"和后期"约"的 3 个阶段。这一方法的核心在于构建一个持续上升的循环过程，以促进幼儿运动能力的发展。以下是我以小 A 在平衡区运动为例，来阐述整个指导过程。

1. 前期"阅"

我首先阅读了小 A 在 E 运动活动室的运动数据，发现他的平衡能力有较大的提升空间。然后，我参考了教师对小 A 的运动识别，注意到小 A 运动热情高涨，擅长与同伴合作。今天的观察显示，小 A 在平衡木区域运动热情很高，能够与同伴商议游戏规则和玩法，但他在该区域的游戏时间较短。

2. 中期"乐"

基于快乐运动的原则，我的指导策略更加隐性，侧重利用环境、同伴和器材来引导幼儿运动。考虑到小 A 善于合作，我今天使用了器材组合玩法。我引入了海绵棒和呼啦圈，创造了新的平衡木游戏方式。小 A 对这些新材料产生了兴趣，并且积极地参与了游戏。他与同伴一起商定了新的规则和玩法，并主动担当指挥官的角色，指导伙伴如何移动呼啦圈。这使得平衡木区域变得更加热闹和有趣。

3. 后期"约"

新器材的引入为教师提供了与幼儿一起商讨新玩法、新规则的机会。我鼓励幼儿将这些新的组合玩法添加到运动提示板上。在活动中，我注意到在进行下蹲钻圈过平衡木的动作时，幼儿掉落的情况较多。因此，我计划在之后的集体活动中专门设计一节高结构活动，以提高幼儿对该动作的掌握程度。

通过这种分阶段的指导方法，我能够更有效地引导幼儿探索和体验运动的乐趣，同时促进他们运动能力的发展。

◎ 效果呈现

经过一个学期的系统性训练和指导，我们在小 A 的发展中看到了其显著的进步。通过 3 次数据采集（期初、期中、期末），我们观察到小 A 在平衡能力方面的稳步提升。这不仅反映在他的运动数据上，也在教师的日常识别中得到了体现。

特别值得一提的是，随着新器材、新玩法和新规则的引入，平衡木区域的活跃程度显著提高。我们看到越来越多的幼儿参与这一区域的活动中，他们的兴趣明显增加。更为重要的是，孩子们在挑战自我方面展现了更大的勇气和自信。这些变化不仅表明了我们教学方法的有效性，也反映了幼儿在运动技能、勇气和自信等方面的全面发展。

此外，这些积极的变化为我们提供了宝贵的经验和启示，即通过创新的教学方法和器材使用，我们可以有效地激发幼儿的运动热情，促进他们的身心全面发展。这种以幼儿为中心的教学方法，注重幼儿的兴趣和个体差异，能够更好地满足他们的发展需求。

——执教与设计：丁雨

【平衡区的小勇士】

活动背景：

在平衡区，有 3 个主要项目，即：攀爬架、竹竿和平衡木。过竹竿是一项难度较大的活动，孩子们需要在两个梯子之间搭起的竹竿上采用不同的方法通过。大部分孩子采用"倒挂金钩"的方式，但由于身体素质和生长发育的限制，许多中班孩子无法完成整个过程。进入大班后，孩子们通过不断的探索和尝试，发展出了许多创新的玩法。

活动实录：

【片段一】

雨桐站在过竹竿上的起点犹豫了好久不敢上前。子墨对雨桐说："不要怕，你要是害怕可以在竹竿上滚过去。"

雨桐摇了摇头："我不敢，我会掉下去的。"

子墨大声说："我先来滚给你看，你在我后面就不怕啦。"

雨桐听了子墨的话，主动让子墨先尝试。子墨先用双脚踩在竹竿上，然后慢慢将双手抓住竹竿，最后逐渐躺下身体趴在竹竿上，只见她扭动腰腹开始发力，真的在竹竿上滚动了起来，她不断调整滚动的方向，一点点向前滚动。

子墨对雨桐叫道："慢慢爬，手脚并用，用力稳住身体。"

后面的孩子们陆续在这里排起了队伍，都在催促雨桐快点开始。

雨桐不说话呆呆地站着，教师看见雨桐的窘状，问道："我保护你，你愿意试一试吗？"

子墨也在对面大叫："加油！加油！"

雨桐小心翼翼地模仿子墨爬上竹竿，教师在边上托住她的身体，她整个人躺在竹竿上后，用较慢的速度向前滚动，终于完成了第一段路程。

开始尝试后就变得容易多了，她在子墨的鼓励、教师的保护下完成了接下来两段路程。

【片段二】

雨桐和子墨又滚了一次竹竿。

子墨提议道："我们一起去玩攀爬架吧。"子墨一开始就快速地通过第一个攀爬网，雨桐稍慢一点，子墨等待雨桐赶上来。

接下来要过孩子们自己架起的梯子了。子墨双脚分开，站立在梯子两边的长条上。她一边走一边说："啊，有一点难呀！"她张开双臂，保持平衡缓慢地通过了梯子。

怎样从攀爬架上爬到梯子上呢？雨桐有点害怕，子墨干脆走回到她身边。

子墨："你先倒退着爬到梯子上，再慢慢地掉头。"

雨桐把双手分开，并没有用子墨的方法，而是膝盖跪在梯子上前进。

子墨一直守在梯子前鼓励雨桐："加油！不要怕呀，你像我一样慢慢地往前就可以了。"

但是没有向前多少距离，雨桐便从梯子上下来了。子墨想到其他地方玩，但是雨桐还想在攀爬网上再来一次。于是两人再次从头开始爬起来。

第二次尝试，雨桐的速度明显加快了，更快地爬过了梯子。子墨也能够直接正面从攀爬架到达梯子上。

这一次，雨桐没有半途而废，接连用跪爬的方式，虽然缓慢却始终稳稳地前进。终于，她到达了终点，看见我在拍照，就冲我一笑。我给她竖起大拇指。

【片段三】

连续在平衡区玩了几天后，今天是本周最后一天的平衡区运动。雨桐和子墨又来到平衡区。于东第一个上来："子墨你看好！我要用'倒挂金钩'的方式。"话说完，她才挪动一小段就累得掉下来。教师见状便和她说："你也可以试试其他方法的。"

雨桐小眼睛一转说："我知道了。"只见她坐在一根竹竿上，用两手抓住一根竹竿，屁股坐在另一根竹竿上向前挪动。这时候后面的孩子也跟上来了，等了好久雨桐才挪动一小段，他们开始催促她。

子墨对雨桐叫道："你用侧着走的方法，这样很快的。"雨桐采用了子墨的方法，双手抓紧竹竿，双脚踩在竹竿上，屁股撅起向前移动，果然能加快速度。这下子，排队的人数一下子减少了。其他孩子看见他们的方法也纷纷跑过来排队，迫不及待地想要尝试一下。等轮到子墨的时候，她直接站在了竹竿上向前走。雨桐为她捏了一把汗，等子墨成功的时候，雨桐开心地鼓起掌来。

⏳ **识别分析**

1. 创新方法搭建幼儿户外运动新平台

（1）精心营造野外环境，让幼儿享受投身大自然的乐趣

为了增强幼儿对户外活动的积极性，我们创设了富有情趣的活动情景。教师应利用一切可用的教学资源，为孩子们营造具有独特效果的户外活动环境，吸引他们走进大自然，尽情玩耍，充分体验。本园位于郊区，自然资源丰富，为拓展户外教学提供了便利。毛竹、麻绳、梯子、长板凳、树桩等，都是孩子们司空见惯的物品。将这些自然材料放置于平衡区的草地上，不仅拓展了幼儿活动的空间，而且拉近了幼儿与生活素材的情感联系。

（2）巧妙组合运动器材，增强幼儿户外运动的吸引力

教师应充分发挥运动器材的作用，增强幼儿对运动材料的亲切感。通过引导幼儿合理组合现有器材，并适当开发，不断增强器材的趣味性和挑战性。这样，运动器材便能够经常给幼儿带来耳目一新的感觉，从而发挥更大的功能，并让幼儿在创新中体验乐趣。例如，平衡区的攀爬架由梯子、小架子、长凳、桩子等器材组成，幼儿可以每天自由搭建，每天的路线都不相同。这些器材对幼儿来说充满了趣味性和挑战性，而不断变化的路线也让他们经常感到新奇，最大限度地发挥了器材的作用，同时孩子们也在创新中体验到了乐趣。

2. 意识的开放推动幼儿合作交往能力

教师开放的意识对幼儿运动能力及交往能力的发展具有促进作用。如《3～6岁儿童学习与发展指南》中在关于社会性的目标"愿意与人交往"指出：喜欢和小朋友一起游戏，有经常一起玩的小伙伴；"能与同伴友好相处"指出：活动时愿意接受同伴的意见和建议。在本次运动中，雨桐和子墨自主商议选择运动项目，并在遇到困难时相互扶持。在整个运动过程中，子墨发挥了主导作用，不断指导、提醒雨桐过竹竿与攀爬架的动作要领。雨桐则能采纳同伴的意见，愿意跟随子墨进行运动。这两名幼儿均表现出了初步的合作意识和能力。

3. 运动中反映幼儿的发展差异

雨桐与子墨在运动能力和个性上存在显著差异。雨桐体质较弱，性格内向，因此在首次尝试过竹竿时显得犹豫不决。在子墨的指导和教师的保护下，她开始尝试并能够根据具体情况选择适合自己的姿势，避免盲目跟随。相比之下，子墨运动能力强，性格开朗，她能较容易地完成多个运动项目，并掌握多种方法，如蜘蛛爬、翻滚、双手握竹竿挪动等。

《幼儿园教育指导纲要》指出："教师应关注幼儿在活动中的反应，敏感地察觉他们的需求。"教师注意到两名幼儿的表现，及时发现并满足了雨桐的需求和困难，帮助她开始尝试过竹竿。子墨在一旁鼓励她，帮助她克服困难并完成运动项目。因此，两名运动能力不同的幼儿均体验到了成功的快乐。在运动活动的指导中，教师需要改变"一刀切"的做法，即从幼儿的个体差异出发，对雨桐和子墨采取不同的指导方式。对发展水平和能力不同的幼儿，教师应采取不同的指导策略。如果对所有幼儿提出相同要求，能力较强的幼儿可能会感到不满足、提不起兴趣，而能力较弱的幼儿则可能因为害怕而丧失信心。

🎤 **支持回应**

1. 挖掘推动幼儿运动经验的积累的因素

（1）分享增信心

教师应仔细观察每位幼儿的活动情况，特别是他们微小的进步。每一次小小的成功都能铸

就大的收获。例如，胆小的雨桐最初需要帮助才能完成过竹竿的挑战，但之后她能独立完成并尝试其他方法。这些都是孩子们成长的经历，教师的鼓励能为孩子带来惊喜，并使他们在未来的活动中表现得更好。

（2）展示拓思路

我们班级在走廊上设有"运动小达人"展板。幼儿可以将他们在运动中的独特方法和擅长项目以图文形式记录下来，并贴在展板上展示。有的幼儿画出蜘蛛爬的方法，有的画出倒挂金钩的方法，还有的写下自己是如何滚过竹竿的。"运动小达人"展板不仅增强了孩子的自信，还拓展了他们对不同动作的思考。

2. 满足不同能力幼儿的运动需求

提供层次性的材料来满足不同能力幼儿的运动需求。教师应根据幼儿的年龄和水平投放适宜的材料，确保每个年龄阶段的幼儿都能找到适合自己发展水平的运动器材。因此，材料的投放需具备层次性，旨在满足不同能力幼儿的需求。

在过竹竿的活动中，原先3段路程的竹竿高度、宽度、粗细均相同。我们可以进行调整，使第一段竹竿的高度较低，两根竹竿之间的宽度较窄，同时选择较粗的竹竿，这样便于像雨桐这样胆小的幼儿开始尝试。第二段和第三段的竹竿可以逐渐增加难度，满足像子墨这样运动能力较强的幼儿，让其感受到运动挑战的乐趣。

通过提供不同层次的器材，我们既能让能力较弱的幼儿在活动中获得成功的体验，增强他们的自信心，又能为能力较强的幼儿提供自我挑战的机会，维持他们对活动的兴趣。这种方法有助于幼儿向各自的"最近发展区"迈进，促进他们的全面发展。

——执教与设计：陈黎

第二节　出彩的趣味玩法

幼儿对"运动"的理解日益深化，同伴间的协作变得更加默契。在师生互动中，探索和建构的欲望不断被激发，幼儿们真正开始"玩转"运动。

【脚下的精彩】

在平衡区的户外运动中，今天我们班上演了一幕精彩的表演！原来是我们班出现了3名脚下功夫精彩的"杂技"舞蹈员。诺诺、睿睿和彤彤尤如"脚下生风"，上演了一场滚轮胎的杂技表演。诺诺和睿睿合作进行了一场双人秀，而一旁的彤彤张开双手，为他们提供保护。但诺诺自信地说："彤彤，让开，我们不需要保护。"接着，轮到彤彤和诺诺一起滚轮胎，他们井然有序地滚起轮胎。此时，睿睿两手扶住轮胎，一脚踩稳轮胎以帮忙固定。睿睿还展示了她的独门绝技——在轮胎上自如地转身，改变滚动的方向。诺诺见状，也跃跃欲试，想要学习这个技巧。

⏳ 识别分析

1. 喜欢挑战，运动情绪愉悦

孩子们在"滚轮胎"活动中表现出浓厚的兴趣。即使彤彤最初未能成功爬上轮胎，她也没有放弃。从一个人单独滚轮胎到两人合作，孩子们甚至尝试三人一起滚轮胎。从她们身上，我看到了坚持不懈的挑战精神。整个过程中，孩子们的情绪始终是快乐。

2. 充满自信，运动能力出色

（1）出色的身体平衡能力：孩子们能稳稳地站在轮胎上，用脚向前滚动，还能从容地从滚动的轮胎上跳下。睿睿甚至能在轮胎上完成转身动作，遇到障碍时选择从后方跳下。

（2）极强的物体操控能力：她们能用脚控制轮胎的行进方向和速度，通过脚下力度的变化来调节轮胎的速度；不同的用力角度使轮胎稳定地向前或向后行进。

（3）对危险的预判能力：当轮胎接近大树时，诺诺降低速度，并预留跳下的距离，表现出对危险的预判能力。在双人滚轮胎时，诺诺告诉彤彤不需要保护，显示出她能够判断活动的安全性。这些都体现了幼儿优秀的运动能力。

3. 井然有序，运动品质突出

（1）良好的运动规则意识：三人轮流玩同一个轮胎，不争抢、能耐心等待；在两人合作玩时，也能依次交换顺序。

（2）一定的合作能力：彤彤展现出领导力，设定起点和终点，并能指挥同伴从单人到双人合作。彤彤和诺诺表现出团队精神，遵循彤彤的指令以确保合作顺利。上轮胎时，一人会主动扶稳轮胎帮助同伴，体现了团队意识。彤彤在同伴成功登上轮胎后，主动提供保护，表现出帮助他人的意愿。

（3）挑战精神：诺诺细心观察睿睿的动作，借鉴其成功经验，在原有动作基础上挑战新动作。

支持回应

如何进一步推动孩子们深入运动，以及如何将3名幼儿的故事扩展到全班幼儿？

1. 同伴学习，共同进步

陶行知先生曾言："小孩子最好的先生，不是她，也不是我，是小孩子队伍里进步最大的孩子。"首先，我们可以采用"小教练互助法"，让这3名孩子担任小教练，用他们自己的方式教授同伴。这不仅能让他们体验教学的自豪感，还有助于防止技能上的熟练性倦怠。其次，可以通过视频记录活动过程，并开展运动后的分享交流，以此激发其他孩子的兴趣。最后，可以在班级环境中设立挑战冠军榜。竞争氛围的营造符合大班孩子的年龄特点，能有效激励孩子们的荣誉感。

2. 调整材料，循序渐进

有效利用园内的运动器材，锻炼幼儿的身体平衡性。例如，在平衡木项目中增加呼啦圈或海绵棒。海绵棒可以像钟摆般摆动，要求幼儿在走平衡木时蹲下或跳起。呼啦圈放在平衡木上，可以变成门让幼儿钻过。这些材料的增加能让孩子们在平衡木上更好地感受和体验身体重心的变化与保持平衡之间的关系。如此，孩子们在锻炼身体的平衡性和灵活性的同时，会更加自信地去挑战滚轮胎。

——执教与设计：季笑叶

【"趣"爬树】

活动背景：

我园的"翻山越岭"区域结合了平衡木、竹竿、麻绳、梯子、轮胎等运动材料与环境中的大树、草坡，形成了一个天然的、适合幼儿运动的环境。孩子们特别喜欢利用竹竿和绳子进行"爬树"游戏。因此，我们决定以此为主题，鼓励幼儿在运动时自主规划场地、选择器材、商讨规则，旨在培养幼儿自主、自信、勇敢、坚持和合作的运动品质。

活动实录：

一凡、瑶瑶和宸宸来到了运动场地后，开始商量今天他们想玩的新内容。

一凡提出了邀请："我们一起去爬树吧！"

瑶瑶听到了一凡的邀请，说："好呀，我们比比谁爬得高。"

宸宸小声地说："我试试看，我不一定爬得上去。"

话音刚落，他们就开始了爬树比赛。只见，一凡双手用力抓住绳子，双脚用力蹬着树，使用手脚交替向上爬的方式努力着。然而，宸宸使用的方式是双手紧紧环抱着竹竿，双脚也同样用力交叉勾住竹竿。不一会儿，一凡已经爬到了顶端，而宸宸依然处于竹竿的一半。此时，只见瑶瑶从轮胎路搬来了一个梯子架在了树干上，边爬梯子边对着宸宸喊起了加油："宸宸，加油啊！手用力向上抓！"最后，宸宸由于没力气了，选择顺着竹竿滑了下来。一凡因为赢得了比赛，于是蹦蹦跳跳地去玩其他运动项目了，瑶瑶随后也离开了……

就在我以为宸宸会因为比赛失败而放弃的时候，没想到宸宸开始了第二次尝试。这次，他选择了使用同伴一凡的好方法。

瞧！只见宸宸双手抓住竹竿，双脚蹬在树干上，小手每往上抓一次，小脚就用力向上蹬一步。看到宸宸一直在坚持着，我忍不住在一旁给他加油鼓劲。可能是听到了我的声音，孩子们纷纷围了过来，看到平日里一向较为胆小的宸宸在爬树，孩子们纷纷表述着自己的想法……虽然宸宸一直在尝试，但直至运动结束，他还是没能爬上树。

识别分析

1. 能力在运动中提高

在案例中，一凡展现出了较强的上肢力量和攀爬能力。他能够通过手脚的交替配合，用力抓住绳子，用力蹬树，成功爬上树。而宸宸尽管能环抱竹竿，用脚交叉勾住竹竿，但由于上肢力量较弱，最终没有足够的力量支持他继续向上爬。根据 E 运动活动室中吊环项目的数据对比，可以看出一凡的上肢力量发展情况优于宸宸。

表10-1　两位幼儿在吊环项目的数据对比

姓名	悬垂时长（秒）	左手拉力（牛）	右手拉力（牛）
一凡	98	37	29
宸宸	34	19	13

2. 品质在运动中提升

《幼儿园教育指导纲要》指出，在体育活动中应培养幼儿坚强、勇敢、不怕困难的运动品质以及主动、乐观、合作的态度。在这个案例中，宸宸虽然输掉了比赛，但他并没有放弃爬树。当同伴和教师都以为他不会再尝试时，他却持续坚持，寻找适合自己的爬树方式。在这个过程中，宸宸展现了坚持不懈的精神，尽管未能成功，但他不怕困难的态度值得称赞。

3. 学习在运动中发生

《幼儿园教育指导纲要》还指出，同伴间的交往互动是孩子重要的学习资源和环境。孩子们在同伴群体中通过互相观察、教导、模仿、讨论、协商、合作，学习和锻炼各种社会技能和行为。在案例中，宸宸起初未能用自己的方式成功爬树，但他通过观察同伴一凡的攀爬方式（双手抓绳，双脚蹬树），模仿并尝试了一凡的方法。最终，他选择了适合自己的攀爬方式。在这个过程中，宸宸在模仿的同时，学习了同伴的方法和行为经验，并进行了改进和尝试，内化为自己的经验，体现了他在运动中不断学习的过程。

支持回应

运动的推进应关注幼儿的兴趣和需求。当幼儿需要进一步探索爬树时，"如何爬"这一问题导向的经验生长方式与他们的生活经验、能力和思维方式紧密相连。教师应多提出开放性问题，以观察者和支持者的角色参与活动，引导幼儿持续探索。

1. 一次分享

幼儿主要通过直接经验学习，但关于如何安全顺利地爬上树并下来的间接经验也是必需的。教师可以通过组织分享、观察、讨论等方式满足和支持幼儿的学习。例如，可以利用图片、视频等媒介，并邀请如一凡这样成功的幼儿分享经验，让幼儿直观学习并互相启发。此外，还可以提供梯子、椅子、轮胎等器材，鼓励幼儿探索利用多种材料进行搭建，以多种方式探索如何安全爬树，并全力支持他们的探索活动。

2. 一场辩论

宸宸今天虽勇敢尝试了爬树，但直到运动结束也未成功。这引起了孩子们不同的看法。在回到教室后，我询问孩子们对宸宸的爬树情况的想法。孩子们各抒己见，有的认为宸宸勇敢，有的认为宸宸胆小。通过这场辩论，孩子们理解到勇敢不仅仅是身处危险之中的行为，而是在掌握相应技巧、本领后大胆尝试的行为。当遇到超出自己能力范围的问题或生命危险时，选择保护自己，即使放弃，也是一种勇敢。

3. 一番设计

陈鹤琴先生曾说："大自然，大社会都是活教材。"通过爬树活动，我们看到孩子们喜欢与大自然互动。大树不仅是幼儿园的装饰性绿植，也可以成为孩子们运动中的一部分。如果孩子们只是单纯爬树，可能很快失去兴趣。那么，如何让"爬树"这项活动更有吸引力和可玩性？如何通过材料的投放，使幼儿根据自己的意愿做出不同的选择？

于是，我和孩子们开始了一番设计。通过设计不同的方法，孩子们对"爬树"的兴趣日益浓厚，他们在后续的尝试中可以根据自己的能力和喜好选择适合的器材，这体现了不同年龄和能力水平幼儿所作出的不同选择，这就在最大程度上满足了幼儿的锻炼需求。

通过一次次方法的设计，孩子们对"爬树"活动的兴趣显著增强。在后续的爬树活动中，他们可以根据自己的偏好选择合适的器材进行尝试。这种做法恰当地体现了不同年龄和能力水平的幼儿所作出的多样化选择，充分满足了幼儿各自的需求，适应了他们各自的锻炼要求。通过提供多样化的选择，幼儿能在安全的环境中自主探索和学习，从而更有效地促进他们身心的发展。

让孩子快乐自由地
奔跑

表10-2　在爬树活动中设计不同的方法

材料	玩法	发现问题	达成共识	幼儿表征
绳子	绑在树枝上，绳子上每隔一段就打一个结	绳容易晃又太细，太难抓住了（或抓不住）	多用几根绳子绕在一起，使绳子变粗	
梯子	将梯子一头靠在树干上，一头靠在地上	容易滑倒，不安全	用轮胎固定	
箩筐	将箩筐垒在一起，向上爬	高度不够，且不稳	寻找其他替代物（如椅子）	
轮胎	将轮胎叠在一起，增加高度	不放整齐的话会倒塌	大的轮胎放下面，小的轮胎放上面	

反思优化

爬树活动不仅需要幼儿具备较强的上肢力量和攀爬能力，还需要幼儿克服通常感到害怕的摇晃感和高度。例如，宸宸在克服了对摇晃和高度的恐惧后，开始尝试较有难度的攀爬活动。尽管多次失败，他没有放弃，还是不断在尝试中寻找解决方案。在运动回顾时，教师鼓励孩子们表达自己的想法，探讨什么是勇敢，什么是不勇敢。有的幼儿勇于表达自己因恐高或感到危险而不敢尝试的心理，这也是一种勇敢的表现。

爬树对于幼儿和教师都是一个挑战。教师在克服自己的安全顾虑，放手让幼儿尝试的同时，仍然全程关注他们的安全。当幼儿提出大胆的玩法或询问"还能怎么玩"时，往往是深度学习的契机。例如，我班的幼儿提出了各种爬树的想法，我便组织他们进行"如何安全爬树"的讨论，鼓励他们画出自己的方案，并支持他们大胆探索。然后，根据幼儿的方案加上教师的评估，指导和观察他们的运动情况。在这一过程中，教师需要恰当把握支持的"度"。对成人而言的"小危险"对幼儿来说是成长的挑战和宝贵的体验。

事实证明，只要教师足够信任幼儿并给予他们尝试的机会，幼儿便有能力应对即便看似有些"危险"的活动。多倾听幼儿的想法，不论这些想法看起来多么不切实际，也要给予他们

146

积极的反馈，并尽可能帮助他们实现。在没有成人干预的情况下，幼儿往往能更好地发挥想象力，会自己权衡危险，并通过自学和互学，从经验和失败中学习。

——执教与设计：丁雨

【百变滚筒】

活动背景:

草地上的大型滚筒是我们幼儿园里常见的户外可移动器械。无论是单独玩耍还是与伙伴们一起玩乐时，孩子们对这种大型运动器材通常都充满了浓厚的探索欲望。然而，经过一段时间的探索后，孩子们可能会进入材料玩法探索的停滞期，逐渐失去对材料的兴趣。因此，教师在这个过程中扮演着至关重要的角色，需要引导和激励孩子们，重新激发他们的兴趣。

经过讨论，孩子们提出了一个新奇的想法：尝试将滚筒竖起来玩。那么竖起来的滚筒可以怎样玩呢？孩子们在班级里展开了激烈的讨论，并想到可以增加一些沙包，让"有趣的通道"演变成"小兵对战"。在这个游戏中，滚筒不仅作为障碍物使用，还可以成为互动游戏的核心部分。孩子们可以在滚筒周围设置障碍，或者用沙包进行投掷游戏，以增加游戏的趣味性和挑战性。

通过这种方式，原本单一的滚筒变成了多功能的游戏设施，极大地丰富了孩子们的游戏体验，激发了他们的创造力。这样的活动不仅让孩子们在玩乐中学习和成长，还帮助他们在探索新玩法的过程中克服停滞期的挑战。教师的角色在于引导孩子们发挥想象力，鼓励他们尝试新的玩法，并在活动中确保安全。通过教师和幼儿的共同努力，滚筒游戏成为一项充满乐趣、创造性和互动性的活动，极大地增强了孩子们的户外体验。

活动实录:

【片段一】有趣的通道

热身运动结束后，孩子们朝着新增的滚筒一拥而上。有的两两合作搬运，有的独自一人将比较短的滚筒搬到草坪中央，还有的孩子没等放稳就一股脑地钻了进去。

瞧，孩子们玩得多欢乐！悦悦身体蜷缩在通道内，开心地对然然说："快来帮帮我，我推不动。"瑶瑶纵身躺在里面，像小刺猬一样左右翻滚了起来。茜茜正在尝试着爬上滚筒。耀耀和祥祥两个人合作着将滚筒推向前行。

孩子们三五成群地玩了一会儿后，耀耀提议道："我们连起来吧！"于是，三三两两，大家合作着将长短不一的滚筒连接起来。孩子们排队钻进去向前爬行，玩得意犹未尽。孩子们还搬来了短滚筒，让这个通道变得越来越长了。

【片段二】小兵对战

在教师的帮助下，6个孩子分别钻进了大型滚筒中，钰钰站在中间给每个滚筒分发小软球。一旁的几个孩子着急地喊着："给我，我没有！我没有！"分发完成后开始了他们的"小兵对战"游戏。

孩子们你躲我闪，6个人随机往不同的滚筒扔球。睿睿很开心地说："耶，我扔进去啦！"小雪看见飞过来的球赶紧蹲了下去。一会儿草地上的球都没有了。

城城着急地说："我没有球啦！"喊了一会儿，似乎捡球的人也没有了。依依的滚筒内存着很多小软球。对战继续着，城城等了好久也没有接到球。于是，只见他双手把滚筒挪动了一下，并把滚筒边上的软球挪到了自己的滚筒内。其他孩子看到了他的方法，纷纷试着把滚筒挪

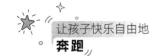
动，6个人的距离越来越近，"小兵对战"的游戏又开始了。

识别分析

在这个自主探究活动的过程中，我班幼儿逐渐认识到滚筒的特性，并开始探索其奥秘。他们对滚筒游戏的兴趣日益增长，创新的行为日渐频繁，同伴间的合作也变得更加明显。孩子们最初是随意地玩耍，有的趴在滚筒上感受转动，有的躲在里面体验滚动感，有的尝试进入竖起的滚筒中，还有的用各种滚筒搭建攀爬游戏。总而言之，他们用不同的方法自由地探索着滚筒。

1. 迁移运动经验的能力不断发展

随着运动经验的积累，孩子们不再满足于简单地在地面上钻爬滚筒，对这种器材的运动兴趣逐渐降低。因此，教师组织大家分享了运动的感受，让幼儿探讨除了放在地上，滚筒竖起来还能如何玩耍。孩子们创造出了结合"打地鼠"和"小兵对战"的运动游戏。在此过程中，孩子们展示了投掷等运动技能，并且在同伴间相互商量合作，展现了"不抛弃不放弃"的运动品质。

2. 自主探究解决问题的能力不断发展

大班阶段的幼儿喜欢富有挑战性的游戏。滚筒游戏具有较高的挑战性，需要克服一定困难。孩子们不畏惧冒险，展现出一定的自我保护意识和能力，能在自己的能力范围内尽可能地去挑战。在玩滚筒的过程中，孩子们不仅锻炼了手脚协调能力和平衡能力，还激发了对滚筒的探究兴趣。例如，当出现没有球的情况时，城城能够想到移动滚筒来获取球，从而引发了同伴的模仿学习。这些都表明，孩子们在自主探究解决问题的能力方面正不断发展。

支持回应

1. 用欣赏的眼光看待幼儿的运动

在孩子们从单一玩法转向合作玩法的过程中，教师始终扮演着欣赏者和支持者的角色。当发现问题时，教师会及时与孩子们一起讨论所需的材料支持。运动结束后，教师鼓励幼儿进行交流分享，让他们表达自己的运动感受，询问他们最喜欢的玩法、合作伙伴、游戏规则等，并用言语总结肯定，鼓励不同运动能力的幼儿在不同阶段的成长和改变。

2. 用科学的方法引导幼儿的探索

在活动中，如果幼儿的投掷距离太近，可能会限制运动技能的发展。教师应在活动过程中或通过环境布置提供适当的引导和暗示。对于那些无法自主进出滚筒或在没有球可用时的情况，教师应关注并引发其他幼儿的思考，从而促进运动品质的全面发展。

对于竖起来的滚筒，由于滚筒比较重，不是所有孩子都能够轻松操作。因此，我们需要对滚筒进行一些简单的调整和处理。例如，在滚筒内部加装把手，可以使孩子们更容易地使用滚筒。这样的改进不仅有助于提升孩子们的游戏体验，也保证了活动的安全性和可操作性。

通过这些支持和引导，教师不仅能帮助幼儿充分发挥他们的创造力和想象力，还能在保证安全的前提下，鼓励他们探索更多的可能性，充分体验运动的乐趣。教师的目标是激发幼儿积极参与和自主探索，同时确保他们在探索过程中得到适当的支持和引导。

——执教与设计：卞悦

【脚下生风】

活动背景:

在我们幼儿园的风雨操场中,蹦床区域一直是孩子们钟爱的运动空间之一。每个孩子都渴望在大蹦床上尽情跳跃。但大蹦床每次只能容纳 8 个孩子。那么,当一部分孩子在大蹦床上玩耍时,其他孩子都在做些什么呢?除了那个大蹦床外,蹦床区还配备了 3 个小蹦床、1 个吊杆和多个平衡板。今天,孩子们在吊杆上发明了新的玩法。

活动实录:

运动活动开始了,孩子们选择自己喜欢的设施开始运动了。笑笑拿来了沙包和一个筐放在吊杆前的垫子上,说:"我们来玩扔沙包游戏吧。"睿睿先爬上木杆,笑笑把沙包放在睿睿的脚中间,睿睿夹紧沙包,双手向前抓住吊杆,两脚一松,向前一甩,沙包掉在了筐的前面。睿睿轻轻向下一跳,笑笑对睿睿说:"继续加油。"睿睿转身排在了队伍的最后。很多人看到这里有扔沙包的游戏,也都来尝试一下。

辰辰等睿睿下去后马上爬上去,抓住吊杆。笑笑拿起刚才掉的沙包放在辰辰的双脚中间。笑笑拿起筐放在距离最远的地方,说:"辰辰那么高,可以挑战一下最远的距离。"辰辰笑着说:"没问题!"松开双脚,交替手向前进,马上快到筐的上方了,辰辰松开双脚,沙包稳稳地落在了筐里。笑笑惊喜地鼓掌说:"辰辰你太棒了。"

接下来的孩子都用了睿睿的办法,坚持悬挂了几秒后,有的扔进了,有的没扔进。大家开始了第二轮游戏,轮到维维的时候,笑笑边做边说:"要不要把沙包放在你的膝盖中间?""我不要。"维维回答道。笑笑把沙包放在他的脚中间。

睿睿结束捡起了地上的沙包,笑笑对睿睿说:"我们给当当增加难度吧。"他们面对面拿着筐前后地摇晃,笑着跟当当说:"快开始吧。"当当看着下面摇晃的筐,说:"我不要。"笑笑就和睿睿回到了之前的位置。

⌛ 识别分析

1. 器材激发幼儿运动兴趣

在活动中,孩子们的兴趣被激发出来。他们通过结合各种器材创造出新的玩法,展示出愉快的情绪,乐于为他人的成功欢呼。利用现有的吊杆设施和沙包等低结构器材,孩子们发明了结合上下肢和腰腹部力量的新玩法,从简单的沙包投掷转变为更全面的身体锻炼。

2. 兴趣推动幼儿自主合作

(1)合作中的规则意识:虽然班级中个体差异明显,但孩子们在活动中表现出良好的规则意识。他们有序地排队,关注运动中的安全,耐心等待前一个同伴完成后再进行尝试。

(2)合作中的问题解决:孩子们合理利用场地,创设有趣的运动环境。他们在蹦床区轮流使用吊杆和沙包,展示了运动方式的开放性和合作精神。

3. 合作凸显幼儿多元发展

(1)学习品质:孩子们展现了坚持性和创造性。他们在多次尝试中不轻易放弃,尽管一开始多数未能成功,但仍然继续挑战不同距离。笑笑作为游戏的发起者,多次提出创新建议,增加活动难度,尽管后续建议被拒绝,但她积极接受反馈,展示了出色的创造力。

(2)动作发展:缺乏一定的力量和耐力。辰辰在吊杆上的持续时间与《3 ~ 6 岁儿童学习

与发展指南》的标准相比较短，反映出孩子们的上肢力量相对较弱。此次活动未能充分发展孩子的上肢力量，原因包括运动方式的单一性、整体运动量的不足以及教师在动作指导上的欠缺。教师需要考虑不同能力水平的幼儿，预设多样化的挑战方法，增加运动的难度和多样性，并加强语言指导，提出更多挑战性要求。

支持回应

1. 及时回应，经验分享

在活动中，教师应该充分利用照片或影像资料进行情景再现，开展经验分享，使个体的经验能够转化为集体的共享知识。为了激发孩子们的互动性和积极性，教师可以引导幼儿探讨如何让笑笑更积极地参与运动，比如询问其他幼儿："你们认为怎样的玩法能让笑笑也能活动起来？在游戏中你的手臂有用力吗？有什么玩法能让手臂也得到锻炼？"邀请辰辰和笑笑分享他们的收获和经验。在分享过程中，教师可以强调同伴间合作和经验分享的重要性，鼓励孩子们乐于与同伴分享自己的技巧和乐趣，从而实现共同成长。

2. 器材支持，趣味运动

在器材支持方面，教师需要根据幼儿的行为和需求进行及时调整和引导。例如，针对笑笑不断调整目标物距离的情况，可以在现场增设多个目标物（如设置多个呼啦圈等）。教师应根据幼儿的反馈及时调整活动内容和难度，推动活动的发展。

增加情景化元素可以使运动更具趣味性。例如，可以引入"与沙包打招呼"的游戏，让孩子们尝试用脚踢沙包等动作。这种方式不仅能增强运动的趣味性，还能提高孩子们的参与度和运动技能。

综上所述，通过及时的回应、经验分享、器材支持和增加情景化元素，教师可以有效地激发孩子们的运动兴趣，促进他们的身体和心理发展，同时加强他们的社交技能和团队合作能力。教师的角色是为幼儿提供一个安全、有趣且富有挑战性的运动环境，同时引导和支持他们在探索和学习过程中成长。

——执教与设计：蒋陈洁

第三节　有力的数据支持

依托大数据、云计算以及可穿戴设备等信息化科技手段，我们能够获得更为全面和多元的幼儿运动能力发展数据。这些数据能够更全面地评估幼儿的运动能力，有助于形成有效的幼儿运动能力培养策略。有了这些数据的支持，我们可以让数据自己"说话"，使幼儿的成长变得可见。

【煊煊的成长故事】

活动背景：

煊煊，是个可爱的孩子，别看他现在看起来高高大大，但一直以来他都是我们班的"小不点""小弟弟"。记得小班幼儿刚来园的时候，煊煊是被爸爸抱着进入二楼小（1）班教室的，因为当时的他还不会走楼梯。后来，我们的确发现煊煊走路不稳，一步一步跨得特别慢，走楼梯特别困难，是横着走的，而且每次上楼梯总要有个人扶着他。排在队伍里的煊煊，总是跟不上大家的步伐。眨眼间，在幼儿园的两年时光过去了，煊煊即将成为一名大班的孩子了，但是他还总是落在大家的后面。

此时，幼儿园以大班孩子为对象的 E 运动活动拉开了帷幕，可以让我有机会精准地了解煊煊的运动能力发展的情况。于是，我和煊煊开始了一场数据支持下的成长之旅。

第一次测评数据分析出来了，我细细一看，的确如我所料，煊煊的各项指标均低于均值，特别是平衡和协调、灵敏方面大幅落后。在十米折返跑的数据中，可以看到孩子的步幅大小不均、跑步时脚步不在同一中轴线上，晃动厉害，后十米的速度明显减慢。这些都很好地佐证了孩子腿部力量不足、稳定性差、跑步落脚有问题等情况。

支持回应

为何煊煊会遇到这些问题呢？结合日常观察和家长访谈，我发现煊煊平日里很少有走路、跑跳的机会。他的父母在市区工作，平时由祖辈照看。祖辈一直溺爱他，常常抱着他走或用小推车推着他外出。由于他们体力有限，不太愿意带煊煊进行户外活动，更倾向于让他参与一些安静的游戏。

此外，十米折返跑的分析也显示，煊煊走路的重心有问题，且因缺乏足够的腿部力量支持，容易疲劳，难以控制腿部动作。那么，如何解决这些问题呢？我们与煊煊的父母进行了深入交谈，向他们展示了煊煊的测评结果，并让他们了解运动能力发展滞后可能给孩子未来的学习和生活带来的影响。同时，我们注意在日常中为孩子提供更多的练习机会，首先是掌握正确的行走方式。我们不断提醒他保持身体挺直，通过教师的示范和模仿同伴，帮助他学习调整重心位置，并感受双脚交替的感觉。我们运用口令、模仿、跟随等方法，帮助他掌握动作要领，并在有趣的情景中让他愉快地进行针对性练习。像"高人走、矮人走"这样的游戏，煊煊非常喜欢。他与教师和同伴一起玩得很开心。至于"走钢丝"，这个挑战更大。在教师和同伴的鼓励下，煊煊从最初不敢尝试，到现在可以平稳地完成。

效果呈现

一个学期转瞬即逝，爸爸妈妈和教师收集了许多煊煊运动的视频和照片。伴随着大家的共同关注和努力，煊煊取得了显著的进步，这让我们都感到惊喜。现在的煊煊喜欢在操场上奔跑，愿意尝试各种运动。他快乐的身影出现在运动场的每一个角落。那么，E 运动测评的数据是否与爸爸妈妈和教师的感受一致呢？

拿到煊煊的评估报告时，我感到了一丝小确幸。煊煊确实进步了。所有的指标都有了不同程度的提升，而且其中几项数据的提高程度甚至超过了班级其他孩子的平均水平。那么，接下来我们应该做些什么呢？通过分析数据，我们发现尽管煊煊的平衡能力有所提高（如平衡板上左右偏移角度的减小），但数值的差异并不大。因此，我们需要继续增加有针对性的活动，以进一步提高孩子的平衡力。我们向煊煊的父母提供了许多有趣又简单的家庭小游戏，便于孩子在家长的带领下参与运动，主要目的是延长孩子的运动时间。我们鼓励他与社区的小伙伴们一起运动。我们还根据孩子的运动情况，适当地增加了其运动时的难度系数。我原本担心孩子会有畏难情绪，但出乎意料的是，煊煊在教师和同伴的鼓励下显得跃跃欲试。平衡木上的小障碍已经难不倒他了；他甚至能尝试过竹竿；动态平衡板上也留下了他的身影。在运动中会玩、敢玩，感受乐趣，享受成长，这不正是我们运动课程所追求的目标吗？

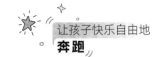
最后一次的 E 运动测评数据也已出炉。我们对煊煊在平衡台上的来回偏移角度越来越小、脚步器项目用时不断减少、身体变得更加灵敏感到惊喜。我们同样为煊煊的成长感到欣喜。从他三年来的 BMI 数据中可以看出，煊煊从一名体质较弱的幼儿，成长为符合当前发展标准的健康孩子。现在，他每天都能快乐地参与运动。他不再是那个体弱的小孩了。更让我们高兴的是，现在的煊煊阳光、开朗、勇敢、自信，喜欢参与各类运动活动。在家里，他还坚持每天晚饭后运动。在"野孩子运动乐园"的牵手活动中，他乐于向新朋友介绍自己的运动，带领好朋友一起运动，并与同伴分享自己的成功和感受。

这就是煊煊的运动成长故事，也是我们的实践历程。在信息化时代背景下，精准教学数据使我们能够发现每个孩子的独特之处，并帮助他们实现各自的成就。

——执教与设计：张晓雯

【小猴搬桃】

活动背景：

近期，教师设计了一项别开生面的集体运动活动"夹包投远"。与往常的投掷活动不同，这次孩子们需要用双脚投掷沙包。活动结束后，孩子们对这种双脚夹沙包投掷的动作产生了浓厚的兴趣，并在户外运动时利用运动器械，如吊杆、攀爬架，开始了一场名为"夹沙包投远"的运动挑战赛。他们还给这个游戏起了个有趣的名字——"小猴搬桃"。

现场实录：

活动开始了。笑笑拿来了沙包和一个筐，放在吊杆前，说："我们来玩扔沙包游戏吧。"一诺先爬上吊杆，笑笑把沙包放在一诺的脚中间，然后把筐置于一定距离处。一诺夹紧沙包，双手紧抓吊杆，双脚一松，向前一甩，沙包落在了筐前。一诺轻巧地跳下，笑笑鼓励着睿睿继续努力。一诺排在队伍最后。其他小朋友也纷纷来尝试。如果挑战者是男生，笑笑会把筐放得更远一些。后来，笑笑也加入了游戏，大家开始挑战夹更多数量的沙包和投掷更远的距离。有的小朋友采用一诺的方式迅速用脚投出沙包，有的则通过交替手前进的方式减少投掷距离。

识别分析

对于大部分大班幼儿来说，悬吊 20 秒是可以做到的，但"小猴搬桃"游戏则提出了更高的挑战。在这个游戏中，幼儿不仅要保持身体平衡，还要进行夹包投远的动作。这是一个极具挑战性的活动，我从中观察到了孩子们旺盛的运动热情和良好的运动品质。

1. 材料重组，激发兴趣

在活动中，孩子们的兴趣被激发出来。他们利用悬吊器械和沙包，尝试了各种夹住沙包投掷的方法：依靠上肢力量平衡身体，然后用脚部发力进行远距离投掷，并努力做到投准。这一过程将原本单一的上肢运动转化为涉及上下肢和腰腹部的全身运动。

女孩笑笑是这个游戏的发起者，她运动能力较强。在活动的前半段，她主要帮助其他孩子分发沙包和控制投掷距离，在后半段则更多地参与游戏。她在整个过程都保持着愉悦的运动情绪。

2. 同伴互助，品质提升

在与同伴共同参与运动的过程中，孩子们的运动品质得到了提升。他们始终保持着较强的规则意识：友好协商，轮流参与游戏。同时，他们关注到了运动中的安全问题，耐心等待前一个同伴完成后才开始自己的尝试。正是他们对这个自发游戏的喜爱，使得他们即使在没有成人指导的情况下，也能遵守游戏规则，并得到了其他参与者的认同。

孩子们在活动中展现出的坚持不懈和互相加油的运动品质令人感动。我们可以看到：孩子们愿意多次尝试，不轻易放弃，并乐于挑战不同的沙包数量和投掷距离。

3. 数据解读，精准施策

在本次运动中，大多数幼儿在悬垂后急于投掷，试图做到精准。然而，分析显示要实现精准投掷，不仅需要控制身体平衡，还需要较强的上肢力量。幼儿能够坚持的时间越长，身体调整得就会越好。但由于上肢力量不足，他们在吊杆上的停留时间很短。

吊环项目要求幼儿双手抓握吊环，双脚离地直至无法继续为止，以此完成测试。吊环是一种牵拉练习，有助于锻炼儿童的背部、肩膀和上臂等肌肉。（吊环成绩以坚持时长为指标，时间越长，成绩越好。）

在《3～6岁儿童学习与发展指南》中，提到大班幼儿应能达到悬吊20秒的要求。我们班级三分之二的幼儿都能达到这一标准，吊环的平均成绩为27秒。这表明大部分幼儿的上肢力量较强，发展比较均衡。然而，在吊杆投掷游戏中，幼儿的上肢力量优势似乎并没有凸显出来。

表10-3　大（1）班吊环部分儿童统计表

序号	姓名	性别	年龄	测试时长（秒）	左手拉力（牛）	右手拉力（牛）
1	一诺	女	7	13	31	53
2	天悦	女	6	18	28	39
3	睿睿	女	7	18	44	56
4	毅毅	男	7	20	47	56
5	传予	男	7	32	20	29
6	宇宇	男	7	36	47	60
7	葳蕤	女	6	74	27	25

从上表我们可以看出，最差的孩子在吊环项目上只能坚持13秒，而最好的孩子能坚持74秒。根据这7名随机选取的幼儿样本，我们可以推断出班级整体在上肢力量方面的差异较大。

这种差异可能是由于各个孩子身体发展的不同步和个体差异所导致。在吊杆投掷游戏中，不仅需要上肢力量，还需要身体协调性和平衡能力。对某些幼儿来说，虽然他们在纯粹的力量测试如吊环中表现出色，但在需要多方面能力配合的游戏中，他们可能无法充分发挥自己的力量优势。因此，这个游戏对幼儿的挑战不仅仅在于力量，还在于如何将力量、平衡和协调性有效结合起来。

支持回应

1. 提升幼儿上肢力量和平衡能力的发展

"小猴搬桃"游戏不仅考验上肢力量，还增加了下肢摆动力量的要求。在这个过程中，摆动的幅度越大，对上肢和腰腹力量的考验也越大。因此，在户外区域的活动中，教师应设计一些锻炼幼儿上肢力量和平衡能力的游戏，例如手推独轮车绕过障碍物的活动，或是一人坐在独轮车上由另一人推车的游戏。

2. 给予鼓励和赞美，集体分享幼儿的精彩视频

当幼儿能够坚持练习或连续用脚投掷多个沙包时，教师应及时对幼儿进行肯定，并在集体中分享他们的精彩视频，让其他幼儿也能看到他们的出色表现。同时，可以将幼儿的"哇时刻"图片展示在班级环境中，让幼儿为自己感到骄傲，从而激发其他同伴的挑战欲望。

通过这些方法，我们不仅能够提高幼儿的身体能力，还能增强他们的自信和集体参与感，促进幼儿全面发展。

——执教与设计：蒋陈洁

【吊环的故事】

活动背景：

在我班幼儿的前期运动数据中，我们发现他们的上肢手臂力量相对较弱，动作协调性也不理想。在"起跳拍打"的活动中，孩子们的整体跳跃水平和上肢力量都显得不足，整体表现在中班组中处于较落后的位置。

分析后发现，幼儿平时缺乏针对上肢力量的锻炼。根据《3～6岁儿童学习与发展指南》的建议，中班孩子应具备一定的力量和耐力，能够双手抓杠悬空吊起大约15秒。基于此，我计划以吊环作为切入点，来提升幼儿的上肢力量。

活动实录：

【镜头一】

今天的户外活动非常热闹。荡绳、吊环和轮胎秋千吸引了很多孩子。A个子高，他伸手直接抓住吊环，脚尖踮起稍微触地。B也想玩，但因为身高较矮，需要跳两次才能够到吊环。当他整个身体吊在吊环上时，只坚持了2到3秒就掉了下来。C更矮，即使跳起也够不着吊环，需要教师抱起才能够到。在轮胎秋千上，D坐着，而E站在她后面推轮胎。轮胎在E的推动下高高荡起，有时会撞到旁边的荡绳和软梯。F在从软梯下来时，被迎面荡过来的轮胎秋千撞到，差点摔倒。

【镜头二】

在户外运动的另一角落，老师和幼儿一起挂上了大灰狼、狐狸、狮子、大老虎等塑封的图片，鼓励小朋友跳起来拍打这些准备欺负小动物的野兽。A来到最低处的小狐狸图片下，踮起脚用右手拍打，拍到之后开心地笑了。但她不会用双脚跳起来拍打。我走到她背后，双手托起她的胳膊窝，帮助她跳起来拍打更高的大老虎，同时鼓励她："用力跳起来，我们来打这个更高的大老虎，不让它来欺负小动物。"在我的帮助下，A成功拍到大老虎。我注意到A的手臂没有完全伸展，于是继续扶着她，并鼓励她："把手臂伸得更长，用力赶走大老虎。"A在这个过程中一次又一次成功地拍打到不同的野兽，发出一阵又一阵的快乐笑声。

⏳ **识别分析**

根据《3～6岁儿童学习与发展指南》，中班幼儿应能双手抓杠悬空吊起15秒左右。当前，我们班里许多小朋友尚未达到这一标准。考虑到孩子们刚刚升入中班，而且才开学一个月，这个目标可以作为我们未来的努力方向。我们有信心通过不断的尝试、体验和锻炼，提升孩子们的手臂力量。

我观察到，运动现场存在一些安全隐患，如动作幅度过大、器械间隔距离不足等。幼儿在玩耍时往往专注于自己的体验，未能充分注意到这些潜在的风险。《3～6岁儿童学习与发展指南》中提到：中班幼儿在运动时应能主动避开危险。因此，作为教师，我立即提醒场上的小朋友注意动作幅度，并在活动后特别强调安全意识，尤其是动作幅度和摆动方向的控制，以及在通过器械时的避让和躲闪。在下一次活动前，我会再次提醒孩子们注意安全。通过示范避让动作和合作方式，孩子们学会了正确的运动方法。

吊环、荡绳、软梯等都是锻炼上肢力量的好方式。小朋友们很喜欢在这些设备上玩耍。我们可以通过设计有趣的游戏，从简单的基本动作开始，逐步要求孩子们坚持练习，从而帮助他们提升手臂力量。

今天我注意到A特别喜欢玩"赶走野兽"的游戏。她一个人在那儿拍打，但始终只能打到最低的狐狸，因为她不会跳起来拍到更高的目标。对于年龄较小的孩子，可以通过托起胳膊窝的方式帮助他们跳起来拍打。在我们班级中，A的大小肌肉发展与其他孩子相比有较大差异。因此，我及时介入，通过托起动作辅助结合游戏化情节的指导，让A多次尝试跳起，这不仅训练了她的跳跃动作，也增强了她的上臂力量。

🌐 **支持策略**

1. 充分利用活动室资源

借助E运动活动室对幼儿进行悬空吊环摸底测试。首先演示正确的吊环姿势和安全的下吊方法（两手同时放开，脚尖先着地），观察哪些幼儿能够完成并维持一定时间。期末数据分析表明，虽然个别数据如悬垂时长有明显进步，但在双手拉力上的提升不太明显，这为后续活动的类型和内容提供了方向。总体而言，经过一个学期的观察和介入，幼儿的上肢力量有了一定的提升。

2. 关注个体差异，提供差异化支持

对于身材较矮、跳跃不足以够到吊环的幼儿，可以在吊环下放置软垫，使他们也能够自主参与。对于胆小的幼儿，适当的辅助和鼓励是必要的，即提供满足不同发展水平幼儿需求的多层次器材，并进行针对性指导。考虑幼儿的年龄和能力差异，教师应根据幼儿的特点，在不同区域提供满足各年龄段需求的活动器材，并以游戏的方式引导幼儿与器材有效互动。

3. 增加运动的情境性和趣味性

适当增加活动的趣味性，如设计"小猴荡绳""登上云梯"等游戏项目，让幼儿在游戏中体验手臂力量的增强并增加自信；又如提供有层次性、趣味性和情景性的活动材料，并进行分层指导，以促进不同幼儿的发展。

情境性游戏应基于不同年龄幼儿的生活经验。例如，为不同年龄段的幼儿创设不同的游戏情境，如小班的"小乌龟背果子"，中班的"小动物运粮食"，大班的"炸碉堡"等。这些活动能激起幼儿的主动参与意愿。当幼儿的兴趣减退时，要及时增加新的游戏情境，以不断激发他

们参与活动的兴趣，达到锻炼的目的。

——执教与设计：赵佳英

【好玩的平衡台】

活动背景：

从我班在 E 运动活动室中进行的平衡台测试数据来看，我们发现班上幼儿的平衡能力相较于其他运动能力略显不足，特别是男孩的平衡能力普遍弱于女孩。面对这一情况，我们就考虑如何有效提升幼儿的平衡能力。由于孩子们对 E 运动活动室的平衡台表现出极大的兴趣，我决定将"平衡台"作为切入点，展开一系列室内平衡台相关活动的探索。

初期儿童平衡台左右偏移角度（单位：度）

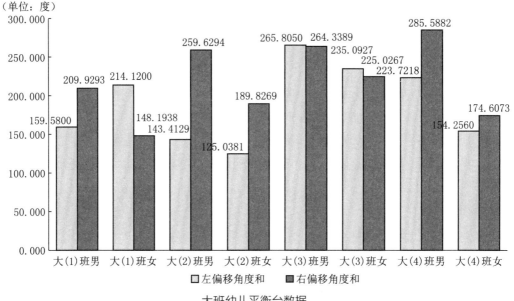

大班幼儿平衡台数据

活动实录：

【片段一】

天天和诺妍合作，把一个小平衡台放在大平衡台上。天天小心翼翼地爬到大平衡台上，发现小平衡台的一端翘起，便叫布布来压住另一端。

诺妍想尝试站在平衡台上，却被天天挤了下来。天天先尝试将一只脚放在小平衡台上，发现台子晃动很厉害，便退回到大平衡台。他尝试调整小平衡台的方向，然后站上去，但不幸摔倒了。

布布关心地问："你没事吧？"

天天不满地回应："你怎么没扶稳啊？"

正在此时，诺妍稳稳地站上了小平衡台。

看到诺妍的成功，天天决定再次尝试。这次他模仿诺妍的动作，两手紧抓小平衡台两边，先上一脚，再上另一脚，慢慢站起，双手打开保持平衡，最终成功地站稳。

布布也尝试将光滑的平衡台换成有纹路的台子，并成功站了上去。

【片段二】

孩子们将所有不同大小、不同纹路的平衡台拼在一起。一半的孩子手牵手站在拼好的板上，另一半的孩子则把这些板当成小路行走。在锐锐摔倒后，牵手的孩子们也相继摔倒，于是他们决定和另一半孩子一起重新尝试，共同用所有的平衡台拼成一条小路。

锐锐提议："我们要加些高板凳，这样才有挑战性。"

最后，孩子们搭成一个"几"字形的路，并依次排队走过去。

⧗ 识别分析

1. "学习"在运动中发生

在片段一中，天天在第一次尝试站上平衡台时摔倒了，他最初将责任归咎于布布没有扶稳平衡台。然而，观察到诺妍成功的姿势后，天天模仿了她的方法，并在第二次尝试中成功了，从而露出了开心的表情。这个过程展示了孩子们通过观察、模仿同伴来学习并解决问题的能力。他们从失败中学习，逐步构建对平衡台的认知经验，并在成功时体验到兴奋和成就感。

片段二中，孩子们通过尝试不同的方式使用平衡台，发现了一种避免摔倒的方法。这种学习过程体现了孩子们的适应性和创新能力。他们通过观察和实践，学会了更安全、更有效的使用平衡台的方式。

2. "衔接"在运动中发生

根据《幼儿园入学准备教育指导要点》，孩子们在活动中表现出的积极参与、保持充沛的精力和良好情绪，正符合"身心准备"中的"喜欢运动"要求。这表明孩子们不仅对运动活动感兴趣，而且能够在活动中维持积极的参与态度和情绪状态，这对他们的全面发展和学习能力都是非常有益的。

在"生活准备"的"安全防护"方面，孩子们表现出较强的自我保护意识和能力，这有助于他们适应新环境，避免危险和伤害。例如，天天在发现平衡台的安全隐患时主动寻求帮助；诺妍在帮助天天时也展现了对他人安全的关注。在摔倒的情况下，孩子们会思考并调整自己的行为，以确保安全，这体现了他们在安全意识和问题解决能力方面的成长。

3. "成长"在运动中发生

首先，幼儿的运动能力得到了发展。通过与E运动活动室中的平衡台数据对比，可以看出幼儿的平衡能力有了明显的提高。这证明了以平衡台为核心的活动是一种有效的方法，能够显著提升幼儿的平衡技能。

其次，幼儿的社交能力得到了发展。从片段一中的单独尝试到片段二中的集体合作，孩子们不仅展示了明显的合作行为，还展现了对规则的理解和解决问题的能力。这表明孩子们在与同伴共同参与活动的过程中，学会了如何合作、遵守规则并共同解决问题。

最后，幼儿的创造力得到了发展。孩子们从单一的平衡台活动扩展到了多人合作创造新玩法，如将多个平衡台组合成小路。这说明自主的空间能充分激发孩子们的创造力和探索欲。

⊕ 支持回应

1. 增加器材，兼顾差异

通过与幼儿讨论，探索平衡台活动中可以增加的其他器材或与平衡台结合的玩法，能够进

一步丰富活动内容。"自选式"的运动器材列表，能让幼儿们在活动前一天根据自己的运动情况和个人喜好选择相应的器材。这不仅增加了孩子们的参与度和主动性，还能激发他们的创造力和探索欲。

通过这种方式，幼儿可以根据自己的能力和兴趣选择适合的项目，从而更好地发展各项技能，并在活动中找到乐趣。

2. 动静结合、增加运动量

案例中提到了多种平衡台，主要集中在动态平衡上，静态平衡的内容相对较少。考虑到仅使用平衡台时，幼儿的运动量可能不足，因此可以考虑在活动中加入更多运动量较大的元素，如跑、跳等。这样的结合不仅能够提高幼儿的身体活动量，还能使他们的上肢、腹部等部位得到锻炼，从而促进幼儿身体的全面发展。

总之，我们应为幼儿提供足够的自主活动空间，充分满足他们的探索欲。在一个宽松且器材丰富的环境中，幼儿可以自主地探索和创新，从而实现综合发展，为幼小衔接做好准备。

——执教与设计：汪思思

参考文献

［1］张叶青.建设儿童乐动的室内环境［J］.教育家，2020（07）：71.

［2］教育部联合百度教育发布《2018年中国互联网学习白皮书》［J］.中小学信息技术教育，2019（05）：7.

［3］张利芳，宋彩珍.从苏霍姆林斯基思想看幼儿园的体育环境创设——以"利津游戏"为例［J］.长沙大学学报，2018，32（02）：154-156.

［4］徐晶晶.奥林幼儿园：运动学习游戏环境创意多［J］.上海教育，2017（19）：45.

［5］周燕.浅谈加拿大安大略省的幼儿教育［J］.早期教育（教师版），2015（06）：14-15.

［6］杨旭，周明，周金海，等.基于WPF的运动效果评估系统［J］.电子设计工程，2015，23（03）：5-7.

［7］刘冬梅.谈信息技术在幼儿体育教学中的应用［J］.学周刊，2014（29）：240.

［8］李颖，吴小平，袁爱玲，王伟.国外幼儿教育考察［M］.福州：福建教育出版社，2013.

［9］李季湄，冯晓霞.3～6岁儿童学习与发展指南解读［M］.北京：人民教育出版社，2013.

［10］黄娟娟.运动正成长：幼儿运动活动中师幼积极有效互动的探索［M］.上海：上海教育出版社，2012.

［11］郑惠萍，高一敏，虹口体育，幼儿园课程实施方案.快乐的求索者［M］.上海：上海三联书店，2011.

［12］上海中小学课程教材改革委员会.学前教育教师参考用书：运动［M］.上海：上海教育出版社，2004.

［13］上海市教育委员会.上海市学前教育课程指南［M］.上海：上海教育出版社，2004.

［14］杭生青.以趣诱导幼小衔接——小学新生体育课堂习惯的养成［J］.运

动，2013（22）：115-116.

［15］马瑞，沈建华，王改芳.美国"幼小衔接"动作技能学习对我国学前运动教育的启示［J］.体育学刊，2020，27（04）：121-126.

［16］柳倩，周念丽，张晔.学前儿童健康学习与发展核心经验.［M］.南京：南京师范大学出版社，2015.

［17］中华人民共和国教育部.幼儿园教育指导纲要［M］.北京：北京师范大学出版社，2001.

［18］刘松娟.浅谈幼儿园户外区域体育活动中教师的指导策略［J］.科学大众（科学教育），2016（09）：67.

［19］徐佃伟.在体育活动中如何培养幼儿的阳刚之气［J］.中国教育研究论丛，2007（00）：846-847.

［20］周纯阳.用体育运动唤醒男儿阳刚之气［J］.中国学校体育，2007（12）：71-73.

［21］陈微.阳刚之气与阴柔之美——关于当代青少年的性别教育［J］.当代青年研究，1996（06）：33-35.

［22］范惠静.新编幼儿室内体育游戏［M］.北京：金盾出版社，2005.

［23］刘秀艳，王晓亚.幼儿园活动区域材料投放应注意的问题［J］.学周刊，2013（22）：182.

［24］吴兰萍.浅淡儿童视角下运动分享交流环节的组织策略［J］.教师，2022（01）：78-80.

［25］李明秀.幼儿园自主性游戏分享环节研究［J］.考试周刊，2023（03）：151-154.

［26］刘燕.在户外运动游戏中构建有效的师幼互动［J］.科幻画报，2018（11）：54-55.

［27］徐悦.大班幼儿的深度学习——以班本课程"翻滚吧足球"为例［J］.幸福家庭，2021（21）：77-78.

［28］耿蓉蓉.大班幼儿趣味足球游戏指导策略研究［J］.天津教育，2023（05）：7-9.

［29］迟文鹏.足球游戏中培养大班幼儿学习品质的行动研究［D］.喀什：喀什大学，2022.

［30］庄园园.幼儿园大班幼儿足球游戏的初步探究［J］.当代家庭教育，2022（20）：69-71.

［31］杨润泽.足球活动提升大班幼儿同伴交往能力的行动研究［D］.上海：华东师范大学，2021.

［32］还谷威，叶巍.《义务教育体育与健康课程标准（2022年版）》理念下幼小体育衔接的推进路径［J］.体育教育学刊，2023，39（01）：8-13.

［33］吴亮.幼小衔接阶段低年级体育教学课的优化与应用［J］.田径，2023（02）：79-81.

［34］王森，王文龙.我国幼儿体育开展中应处理好的几对重要关系［J］.青少年体育，2022（01）：135-137.

［35］陈传锋，黄霜霜，周汉文.幼儿课外（园外）学习活动与小学新生的学校适应研究［J］.教育观察，2020，9（40）：1-5+94.